《山西文華》編纂委員會 編

山西出版傳媒集團
三晉出版社

山西文華·史料編

續增河東鹽法備覽

第一冊
卷首至卷上

清 陳際唐等 ◎ 修 清 姚楷等 ◎ 纂

圖書在版編目(CIP)數據

續增河東鹽法備覽 / (清)陳際唐等修;(清)姚楷等纂. —太原: 三晋出版社, 2018.10

ISBN 978-7-5457-1792-1

Ⅰ. ①續… Ⅱ. ①陳… ②姚… Ⅲ. ①河東—鹽業史—清代 Ⅳ. ①F426.82

中國版本圖書館 CIP 數據核字(2018)第 263111 號

☆ 本書版權由中國國家圖書館授權出版發行 ☆

續增河東鹽法備覽

修　　者: 〔清〕陳際唐等
纂　　者: 〔清〕姚楷等
責任編輯: 董潤澤
特約編輯: 張仲偉
封扉設計: 山西天目·王明自

出 版 者: 山西出版傳媒集團·三晋出版社 (原山西古籍出版社)
地　　址: 太原市建設南路 21 號
郵　　編: 030012
電　　話: 0351-4922268 (發行中心)
　　　　　0351-4956036 (總編室)
　　　　　0351-4922203 (印製部)
網　　址: http://www.sjcbs.cn

經 銷 者: 新華書店
承 印 者: 山西人民印刷有限責任公司

開　　本: 700mm × 1000mm　1/16
印　　張: 30.75
字　　數: 250 千字
版　　次: 2018 年 10 月　第 1 版
印　　次: 2018 年 10 月　第 1 次印刷
書　　號: ISBN　978-7-5457-1792-1
定　　價: 200.00 圓 (全二册)

ISBN 978-7-5457-1792-1
9 787545 717921 >

《山西文華》編纂委員會

《山西文華》學術顧問委員會

李　零　李文儒　李學勤　袁行霈　唐浩明
梁　衡　張　頷　張光華　葛劍雄　楊建業

《山西文華》分編主編

著述編　劉毓慶　渠傳福
史料編　張慶捷　李晋林
圖録編　李德仁　趙瑞民

出版説明

山西東屏太行，西瀕黄河，北通塞外，南控中原，是中華民族的主要發祥地之一。中華文明輝煌燦爛，三晋文化源遠流長。歷史文獻豐富、文化遺産厚重，形成了兼容並包、積澱深厚、韵味獨特的晋文化。山西省政府決定編纂大型歷史文獻叢書《山西文華》，以彙集三晋文獻、傳承三晋文化、弘揚三晋文明。

《山西文華》力求把握正確方向，尊重歷史原貌，突出山西特色，薈萃文化精華，按照搶救、保護、整理、傳承的原則整理出版圖書。叢書規模大，編纂時間長，參與人員多，特將有關編纂則例簡要説明如下。

一、《山西文華》是有關山西現今地域的大型歷史文獻叢書，分「著述編」「史料編」「圖録編」。每編之下項目平列；重大系列性項目，按其項目規模特徵，制定合理的編纂方式。

二、「著述編」以一九四九年十月一日前山西籍作者（含長期在晋之作者）的著述爲主，兼收今人有關山西歷史文化的研究性著述。

三、「史料編」收録一九四九年十月一日前有關山西的方志、金石、日記、年譜、族譜、檔案、報刊等史料，

以影印爲主要整理方式。

四、「圖録編」主要收録一九四九年十月一日前有關山西的文化遺産精華，包括古代建築、壁畫、彩塑、書畫、民間藝術等，兼收古地圖等大型圖文資料。

五、今人著述采用簡體漢字横排，古代著述采用繁體漢字横排。

《山西文華》編纂委員會

出版前言

《續增河東鹽法備覽》（以下簡稱《續增備覽》）是繼《增修河東鹽法備覽》（以下簡稱《增修備覽》）之後對《河東鹽法備覽》（以下簡稱《備覽》）的再次續修。《備覽》以清乾隆五十四年（一七八九）爲節點，重點記載清代河東鹽務，於以前各朝各代也多有涉獵。《增修備覽》緊承《備覽》，所記相關人事起於乾隆五十五年（一七九〇），迄於光緒七年（一八八一），約九十年。《續增備覽》又接《增修備覽》之餘緒，記載了光緒八年（一八八二）到宣統元年（一九〇九）河東鹽政變遷的情況。三部書稿放在一起，實際上就是以清代爲主古代河東鹽政的總記録。

《備覽》係時任河東鹽運使蔣兆奎編輯，負責校字的是河東運學教授王鳳翽，陳思賢等六位商人署名爲監刊，著作權人一目瞭然。《增修備覽》銜名較爲復雜，督修總裁官有前後三任河東兵備鹽法道江人鏡、吴其復、唐咸仰諸人，提調總纂官爲河東鹽法監掣同知張元鼎，另有總校官、總核官、分纂分校官若干人。從山西巡撫兼管鹽政衛榮光的書序中可知，《增修備覽》實際主持人是江人鏡，承辦者是張元鼎等人。一般簡化署名爲江人鏡等修，張元鼎等纂。《續增備覽》的銜名有四個類型：一是山西巡撫兼管鹽政寶棻、丁寶銓任總裁官，二是河東鹽法兵備道陳際唐、張汝檥任督修兼總閱官，三是河東鹽法監掣同知姚楷任提調兼總纂官，四

是各場鹽大使和運庫大使任分纂或分校官。參考《增修備覽》銜名,《續增備覽》作者應署名爲陳際唐等修,姚楷等纂。

《續增備覽》書前没有例言,在體例上與《增修備覽》基本無異。全書分上、中、下三卷,各列鹽池、運治、官職、渠堰、坐商、運商、引目、課額、律例、學校、奏疏、藝文共十二門。其分目較之《增修備覽》稍有變更。比如官職門下分目没有都司、守備、把總等軍職,渠堰門下分目增加了鹽站籽粒灘地。一些分目名稱失之隨意,比如官職門之運學訓導簡寫爲「運學」,經歷兼批驗大使簡寫爲「經歷司」,實際上以機構名稱代替了官職名稱。由於記載時間較短,有些分目下没有内容可寫,只能列出分目名稱,内容以「如《增志》」説明。還有引目門下鹽引本末、歸丁裁引、復商引數、復商額引分目,課額門下課項源流、攤課歸丁、公用酌留、復商課程、正雜款目、復商公用款册等内容,俱係《增修備覽》所載舊事,《續增備覽》本可删減,却爲符原例,仍存分目。

《續增備覽》的奏疏門共收入奏疏、部議、院咨等公文三十五篇,與《增修備覽》類同在内容上占了相當大的比重。其「圖考」較之《增修備覽》有十六幅之多,僅繪存三幅,分别爲「河東中學堂圖」「河東初級師範併附屬高等小學堂圖」「警察講習所並附設農業學堂圖」。書序則請兩任山西巡撫兼管鹽政撰寫,並直接列入銜名,較之《備覽》和《增修備覽》似更爲重視。

《續增備覽》成書於宣統元年(一九〇九),兩年之後即更代爲中華民國。《續增備覽》有關職官部分,一般記至宣統元年刊書之時,而於鹽政則截至光緒三十四年(一九〇八),宣統時期未見記載。今借此文,將所搜集之綫索略作補綴,以求小有裨益於河東鹽法之備覽。

宣統二年(一九一〇)以山西巡撫丁寶銓爲會辦鹽政大臣。宣統三年(一九一一)六月山西布政使王慶平護理山西巡撫,八月陸鍾琦任山西巡撫,十一月張錫鑾任山西巡撫,十二月李盛鐸又以山西布政使署理山西巡撫。河東道在張汝熾署理之後,宣統二年五月陳際唐回任,宣統三年五月榮霈由河東道調任新疆,同時余粲出任河東道道員,直至十一月運城被新軍攻破。河東道下轄機構除各種管理組織外,已經創設了鹽法研究所。

關於宣統時期的河東鹽政還有兩件事值得一提。宣統元年(一九〇九)二月,巡撫寶棻上《奏爲籌備同蒲鐵路保息事》摺,朝廷復准山西同蒲鐵路保息,每鹽一斤加價二文,按實銷引數包繳,每綱以三萬兩爲定額。這是河東鹽務在極其困難的情況下,繼支持陝豫鐵路後對本省修建同蒲鐵路的貢獻。宣統三年正月,設立河東產鹽公所,製定《產鹽公所簡章》三十條,明確宗旨是「專以接濟坐商,平均鹽價,俾工本不致缺乏,畦業得以保存」,性質是「由坐商全體組織而成,純乎商辦」。產鹽公所是在官方支持和監督下成立的民間機構,初步具備了現代商會的性質。

二〇一八年,三晋出版社以中國國家圖書館藏清宣統刻本爲底本影印出版《續增河東鹽法備覽》一書,收入《山西文華》叢書,使清代遞修的三部「鹽法備覽」在《山西文華》叢書中終成全璧,爲學界開展相關研究提供了可靠的史料來源,惠及學林。

咸增强

二〇一八年十月於運城學院

目録

第一册

第二册

卷下

藝文

續增河東鹽法備覽

續增河東鹽法備覽序

河東鹽法之志乾隆五十四年運
使蔣君輯有備覽一書薈萃
諸志最爲詳贍至光緒七年鹽
法道江君又增脩之堯齋觀察
涖任三年整理鹺綱百廢具舉
迺屬監掣姚巡典諸寮友執

江志更加增輯成上中下三卷名曰續增鹽法備覽門目一仍其舊凡有改革損益則著於各門目下條分件繫犁然可觀既卒事問序於余余維人事三十年一變今距江志成書之歲幾三十年不獨鹺務

情形較異於昔即書中所載綠營更易章制改用新械而團練改為警察書院改為學堂此皆犖犖大者其他政治習俗殆無一不變其舊當事者豈復能執成法以相繩自來識時俊傑乘機應變捷之不主故常

而其精心獨運貴能無失前人之意而又有以赴事勢之會使記載闕如將無所據依以考見已然之迹則其所設施者亦動多捍格必不能因勢利導以善用其轉移補救之方此觀察續修之大旨也觀察治鹺既

有成績其懋躬率屬吏民咸
畏而懷之余嘗以河東吏治
爲全省之冠由觀察表率有
方以人才疏薦於
朝使充其才由此晉方岳陟封圻其
展布當更有大且遠者而其
實事求是綜理精密則於

是書亦略見一斑矣觀察以初
冬來省甫别幾日余適奉移
撫三吳之
命而觀察晉權臬事又將來省
前後數日未得復相見因略
述續備以書之大旨亦以見任
事者當貫通古今規度時勢

圖維可觀焉而已也

宣統元年歲次己酉十月撫晉

使者兼管鹽政長白寶棻序

續增河東鹽法備覽序

國家法制至近世蓋益繁矣非裒集而釐訂之試且執已弛之法以相牴牾此新法令及各種輯要諸書所以裒輯爭鳴而邦之人有志於時務者亦皆珍若懷寶也豈非以往昔條教著於簡

編是爲研求政術者備掌故資
信守歟鹽法備覽舊爲蔣都
轉所輯頗詳贍可觀光緒初江
觀察又增修之至於今蓋三十
年矣其間鹽課之變遷引地
之張弛銷售之暢窒價值之增
加莫不各有本原具各次第

非一蹴而即至今日之收態者也堯齋廉訪總持鹺綱前後三年深鑒夫已然之跡與夫奏案之有關於遵守歷史之可藉爲攷鏡者因賡續舊書錄爲三卷凡今昔貿遷之故前軌後轍備著於

薦廉訪任河東時彪炳政
聲衷然爲全省吏治之冠又
復通於世務明習文法廩廩
有漢世朱仲卿龔少卿之
遺風將來敭歷天衢振翼
雲漢始得展其閎烈盡其
才長矣僅回翔於一隅一職

之間固未足以表其遠謨且與
非廉訪之所志也宣統建元冬
月廉訪來省覲臬事持所輯並
編示余披覽一過爲書數語
於篇首而歸之
撫晉使者丁寶銓識

續增河東鹽法備覽序

鹽法備覽一書渭南蔣公之所作也成於乾隆戊申合彙纂便覽諸編以河東鹽法志運城志紀

恩錄芟其浮廓擷其英華繫現行之章程參以曩日之記

戢門分類別綱舉目張自
漢唐以迄
國朝引課之源流官制之沿革
池產之規畫運道之變通鉅
細靡遺堪稱金鏡遠溯後鑒
源江公監察河東因代遠之
年湮案多散軼援存考

體例編輯，而增修之始於乾隆五十四年，訖光緒七年，君之口增修河東鹽法備覽閱十三年，紹邑閻公耀道纂適有豫陝兩省減額歸銷之舉，遂令晉民補入，雖覺偏而不全。唐視鹺之年，承引

序　二

綜積欠之餘值銀價遞增之會凡利病所至勢不得不切實研求因就原書而徵考之相距僅廿餘年而今昔迥不相為侔值朝廷籌備立憲庶政維新凡統計調查必記載完全不足為

事由敕行之準而新舊過
渡，不免有數典忘祖之虞。
爰請命於
鹽政寶大中丞纂輯此
編，以為照脩鹽法備覽之據。
體例臚目均各因之，詞惟求要，
詳於事則舉要，質實甫

服葉而
寶大中丞李獨節三晉之
命繼任為
丁大中丞　唐　又叅權臬篆
所遺鹺篆以武清張公代之
自維蒞事以來於鹺務鮮
有裨益是書之成謬謬考

方以舊所錄漏是懼迺蒙兩大中丞先後頒到序文過事褒揚實增新汗惟望後之來者救敝補偏於恤商利民疏引綢繆之道益求精進異日重編縣史庶規模其秩然大備也哉

宣統建元冬月河東兵備
鹽法使者陳際唐撰

續增河東鹽法備覽

總裁官

陸軍部侍郎兼都察院副都御史巡撫山西等處地方提督軍務鹽政寶　棻

陸軍部侍郎兼都察院副都御史巡撫山西等處地方提督軍務鹽政丁寶銓

督修兼總閲官

二品銜升署山西按察使司按察使河東兵備鹽法道陳際唐

補用道署理河東兵備道兼管山陝河南三省鹽法道張汝孅

提調兼總纂官

三品銜在任候補府河東鹽法監掣同知　姚　楷

分纂官

河東揀選運庫大使　周宗極

河東揀選鹽大使　帥文安

分校官

同知銜在任候補知縣西場鹽大使　朱垣

河東揀選鹽大使　耿壽泉

河東揀選鹽大使　柯勁

續增河東鹽法備覽總目

卷上

續增河東鹽法備覽分目卷上

河東鹽法道

監掣同知

運學訓導

經歷兼批驗大使

庫大使

中場大使

東場大使

西場大使

分駐解州州判

鹽池司巡檢

長樂司巡檢

聖惠司巡檢

渠堰

姚暹渠

池東各堰

池西各堰

議修章程

姚暹渠歲修章程

督修責成

坐商

銷價

畦地

澆曬

運商

招商

增價

均引

學宮
學額
書院
科目
人物

續增河東鹽法備覽卷上

鹽池

禁垣

環池禁垣自同治十三年通體興築嗣雖屢有修補工段零星光緒二十八年河東道馮煦將禁牆之披累壑口暨水眼衝決等處一律估修第土性含沙風雨剝落保固三年屆滿殘缺時有報聞三十三年河東道陳際唐因禁牆屏蔽池私非同別項工程可以延緩而循例估辦又復困於財力爰撥鹽捕營兵隊

按照估定工值核給津貼六成築破殘增單薄堵壑口以及水眼衝陷處所修築而整齊之通共動用銀三千九百餘兩功鉅費省藉兵力也

黑河如增志

池神廟光緒十五年河東道邁拉遜重修

鋪舍

池內三場各鋪槍手光緒六年裁留三十名二十二年河東道奭良全行裁撤改派勇丁巡池名曰海巡由查池委員管帶至巡役斗級弓手秤役則悉仍其

舊池外之鹽池聖惠長樂三巡檢司額設弓兵商役駐紮鋪舍同治十三年大修禁牆後歷三十餘載基址僅存兵役虛有其名徒糜經費三十二年河東道陳際唐因禁牆修守並重責成三司巡檢將該管鋪舍一律領款建蓋並將原設弓兵商役悉數裁汰另募年力精壯技藝嫻熟者各二十四名更名巡勇分配駐鋪合計三十六鋪共駐巡勇七十二名仍以原設兵役一百二十名之額編工食等銀撥注匀支厚其養贍卽以專其責任並令三司巡檢各駐各署不

續增河東鹽法備覽 卷上 二

准擅離職守

祥異

光緒二十六年晉陝大旱成災河東道屬尤甚斗麥易錢千文居民大困兼值拳匪肇亂洋兵內侵

兩宮駐蹕長安當事者籌款賑荒其難倍於丁戊雖極力拯濟全活無算而鹽池工作自此遂盡用客民矣

勝蹟如增志

六小池

六小池自經運商買回封禁每遇天時稍暵池內輒

見鹽花附近奸民乘隙偷曬防不勝防光緒三年河東道江人鏡將永小熨斗蘇老三池募工塞毀三十三四兩年河東道陳際唐調撥鹽捕營兵丁將夾凹金井賈瓦三池之大小濤沱八十箇一律填平爲一勞永逸之計

女鹽池

查女鹽池卽硝池灘光緒十年暨十二年河東道黄照臨邁拉遜將原設槍手巡役鄉約各十二名逐漸裁汰僅留巡役鄉約各四名另派守庫巡勇十二名

隨時赴灘協巡二十年署河東道閻迺玨於附灘周圍建蓋營房七處分駐馬步練軍百餘名春夏查灘秋冬防汛嗣練軍改編續備酌撥運安營以代之三十四年金井等池滹沱填平河東道陳際唐飭由解州募勇十名協同運安營兵駐硝池北岸之喬家莊統歸委員督帶巡緝餘均裁汰節省

花馬池

花馬池鹽之產於鄂爾多斯旗地者光緒九年鹽政張之洞咨覆陝甘總督謂蒙鹽行銷晉省已閱多年

不必强分其爲何路之鹽而不可不定其所運銷之
路既例准吉鹽水運至皇甫川爲止嗣後應勿論吉
鹽鄂鹽凡有水運者一概照例以運至皇甫川爲斷
該處與晉之河曲縣對岸其願從該處過河徑由河
曲運至口外七廳行銷者聽即運至口内之太汾大
朔甯忻代保平遼沁等府州隰州併屬大甯永和等
縣與土潞等鹽一體行銷者亦聽此初弛花鹽皇甫
川對渡之禁而仍不准其水運磧口也三十年河東
道吳匡建以徵爲禁之議因陝省定邊一帶所產之

花馬池鹽與夫綏德州三皇卯等處所產之小鹽並不經由皇甫川即由葭州吳堡用船裝運渡晉頭頭是道緝不勝緝詳准在於河曲以下分別設卡扼隘抽釐歸軍積貨釐委員兼辦小鹽按斤抽錢四文花鹽倍之仍不准攔入潞綱而以汾州等處無引之地爲限三十三年議增越銷蘆釐定爲花鹽一律按斤抽釐一十四文重其稅釐即以杜其南灌而太汾之辦理官運無論蒙土聽民買食花鹽亦包括在內此又皇甫川以下由陝入晉之花鹽准由水路販運直

達磧口之原始也來源有上下之別故販運有水陸之限花鹽之運晉如是至若陝岸則各有引地另詳緝私條內茲不贅

運治

城垣如增志

萬壽宫如增志

壇廟

文廟詳學校門

一池神廟詳鹽池門

一關帝廟光緒三十三年河東道陳際唐重修

一文昌廟如增志

一眞武廟如增志

一城隍廟光緒二十五年河東道楊宗濂重修三十三年河東道陳際唐修飾兩廊十殿神像暨後殿

一火神廟光緒三十四年河東道陳際唐重修

一龍王廟光緒八年署河東道吳其復添建東西廂三十一年河東道吳匡重修

一安濟廟光緒二十年署河東道閻迺珏重修

一三聖廟在河東書院内光緒二十五年河東道楊宗濂重修二十八年書院改爲學堂廟如故

一崔府君廟光緒二十四年河東道楊宗濂重修

一呂祖祠光緒二十年署河東道閻迺玨重修並添
建庭榭爲遊憩之所
一旗纛廟如增志
一三郎廟如增志
一社稷等壇廟如增志
一天地廟光緒八年署河東道吴其復重修並修迎
送冠蓋之所
一表忠祠光緒九年河東道黄照臨重修
一衞民祠光緒三十年河東道吴匡重修

一楊娘娘廟光緒二十七年署河東道張毅禱雨有靈奉位於署内之槐蔭軒三十三年河東道陳際唐移建於宜門外

一黑龍潭之龍神廟光緒三十三年河東道陳際唐因禱雨有靈展拓重修

一聖教祠光緒三十四年河東道陳際唐重修

公署

一巡鹽察院光緒三十二年河東道陳際唐重修

一東鼓樓光緒三十二年河東道陳際唐重修

一西鐘樓光緒十五年河東道邁拉遜重修

一河東道署光緒八年以後河東道黃照臨邁拉遜

宜麟𧤏艮楊宗濂先後添建四堂五堂亞遇安園內

得月亭宜春亭綠中亭艾葉如意池園外寄廬關紅

兩書屋槐蔭軒魚池留雲塢二十八年河東道馮煦

以課吏館附焉選取候補人員肄業其間分別獎金

鼓舞深造三十二年河東道陳際唐詳改仕學館擴

充津貼增廣學額釐定課程以養成諳練政事堪資

任使之才爲宗旨旋委監掣同知充當監督另設校

長常川駐館地仍因之

一監掣同知署光緒十五年暨三十年三十四年同知張貽琯姚啟瑞姚楷先後重修

一運學訓導署如增志

一經歷司署如增志

一庫大使署光緒三十二年庫大使倘其光重修

一中東西三場大使署如增志

一分駐解州州判署光緒三十四年州判陳世昌重修

一鹽池司巡檢署光緒三十二年巡檢讓興仁重修

一長樂司巡檢署光緒三十二年巡檢沈春圻重修

一聖惠司巡檢署光緒三十二年巡檢范鶴南重修

一遊擊署光緒二十九年綠營裁汰三十三年河東道陳際唐改建火藥庫

一守備署光緒二十九年裁缺三十年河東道吴匡重修作爲公所三十三年河東道陳際唐改建河東警察講習所另闢操場於西偏

一城守把總署光緒二十九年裁缺留作公所

一操防把總署光緒二十九年裁缺留作公所

倉儲

一運儲爲官倉運阜爲商倉官倉儲粟備荒并收灘地籽粒租麥散給孤貧商倉春借秋還專資坐商澆曬免商以後庫大使安福虧短倉穀查鈔不敷買補丁丑大祲以後灘地墾未復元光緒九年暨二十八年河東道黃照臨馮煦各買穀麥二三千石分儲兩倉坐商借陳還新准予免息粥廠碾米熬放亦即取給於此其孤貧租麥於光緒二十三年經河東道楊

宗濂價典阜巷民房一所另行收儲按月散放均歸
庫大使經管隨時報查

恤政

一養濟院孤貧全半口糧原額一百三十名又加增
半糧十二名同治四年署庫大使黃晉因倉有餘耗
續增半糧三十名自丁戊大荒灘地租麥收不足額
餘耗無著先儘徵存之數通融散放歲約不敷四十
餘石於次年四月由庫領款買補至每年粟米一款
原出自舊生息項下此項生息歲收銀一百二十六

兩除支粟米銀四十兩外餘均作爲冬季恩賞孤貧
之用
一粥廠經費係坐運兩商分捐光緒十年河東道黃
照臨因運商積疲免其捐納每鹽一名祇徵坐商一
錢五分兼須散放棉衣收不敷支歷由積穀生息項
下撥用至所需粥米卽就運皁倉買存穀石碾用
一同善局光緒三十二年局紳閻文海因經費不濟
稟經調署庫大使朱垣捐廉提倡會勸各鋪商將按
年演劇之資提前三年曾捐一次嗣後永不演劇亦

丞不出貲共捐錢四百餘緡銀二十餘兩典置錠票二十一張繳存道庫年領銷價銀五十六兩藉供局用酌定管理規則詳奉河東道批准立案年領義棺銀一百兩仍由道庫籌給

一育嬰堂始於道光二十四年河東道李百齡捐廉二千三百兩又官商合捐銀二千兩以三百兩建堂於路家巷以四千兩發當生息備支一切費用嗣因當商倒閉前項息本祇存解州四百兩安邑一千二百兩夏縣八百八十兩芮城二百四十兩每歲共解

息銀二百七十二兩不敷之數由庫隨時籌補光緒
二十九年河東道馮煦續捐銀一千兩發運城當商
一分二釐起息至經理責任先後飭委解州州判暨
鹽務實缺各員因時擇人堂基亦屢有遷移或謝家
巷或南大街今設萬家巷光緒三十三年河東道陳
際唐遵鹽政張人駿頒布保嬰條規改爲堂會並行
堂內管理收支責成於紳委中場大使稽查造報一
面就安邑縣城之五路保甲局附設五分會除遺棄
無主之嬰歸堂乳養外其距堂窵遠無力撫養者准

其報明運堂總會就近查明給助月需經費約百金
內外統由池腳項下動支向有息銀亦即併入池腳
款內其二府四州屬之育嬰堂亟飭一律籌設河津
虞鄉兩縣各籌給銀二百兩期於由近及遠見諸實
行
一牛痘局因荒停辦光緒五年江浙賑局解銀捐助
善舉復興一委一醫按年春分至夏至立秋至立冬
兩期開辦所需經費二百數十兩又每年津貼解州
牛痘局銀四十兩皆歸監掣廳領支造報款由庫籌

一養病所係於光緒十五年河東道邁拉遜因時疫流行在城南宏教寺醫救池工十八年護河東道吳鴻恩顧念瘡痍責成三場坐商仍前舉辦委員稽察彈壓每年先由道庫提給銀三百兩不敷多寡悉由各商認籌近年三月開辦仍以五閱月爲度

一同善義倉係於光緒八年大學士閻敬銘辭查賑公費不受以七千五百兩捐作蒲解兩屬義倉之用採買穀石分儲運城運阜倉及解州常平倉內嗣添賑餘各款統共銀三萬六千四百餘兩除買穀外餘

銀分存各州縣當商生息光緒二十年署河東道閻廼珏於運城東街創建運安同善義倉以廣積儲二十六年大饑河東道吳廷斌發倉賑濟民賴全活三十一年河東道吳匡推廣倉舍添建東西兩廒並籌銀一萬二千八百餘兩購麥一萬一千六百餘石以實之三十二年麥價翔貴河東道陳際唐飭屬分領秋熟易穀還倉民食有資麥無蛾變復刋頒備荒章程數千本期於倉箱徧野藏富於民三十二三四等年各屬報存積穀十四萬一千餘石

一同善義園在城西南爲流寓官幕停柩厝葬之所光緒十八年護河東道吳鴻恩籌款重修購地三十四畝以益之二十年署河東道閻迺珏籌銀三百兩札交安邑縣發典一分生息俾資常年經費歷歸場司實缺各員管理

一習藝所在運治謝家巷光緒三十二年爲河東道陳際唐所成立購儲土棉雜毛收輕罪人犯使之學織毯袋等物一經限滿釋回不至流於游惰安邑縣監之輕罪人犯就近歸併派安邑縣爲提調另委候

補一人常川駐所照料應需經費由庫籌支

一公桑園昉自光緒三十二年河東道陳際唐先就城北校場之西南隅畫地十畝四分環以牆垣覓秧栽種並在道署之遇安園内試種桑秧成活約數萬株分須各屬栽植次年復購城東北高家園地三十畝五分闢場鑿井推廣播種並刷印蠶桑簡易法數千本採購桑葚數千斤通須各屬晉行試驗俾知培護飼養方法拓闢利源

坊集

運治九坊之有保甲局也向分四路巡查光緒三十二年河東道陳際唐遵照警章募兵六十名隸於隊官授以教習統以管帶委監掣同知爲正提調安邑縣知縣爲副提調一切應盡義務應守規則悉照警章辦理歲需經費除原有保甲本款近千兩外不敷銀四千數百兩由庫籌支

武備

運城武備自光緒七年以後巡練各勇迭有變更綠營兵丁按年遞減綜舉大概除綠營員弁兵丁已於

二十九年一律裁撤外所存營勇其綱有二如陝省五卡駐緝花鹵各私之勇一百一十名豫省襄葉犨孟駐緝蘆汴各私之勇九十名本省分紮蒲灘硝池灘三門陵川緝私以及三場查池各勇一百名共三百名另由運安鹽營抽出馬隊一棚分撥陝岸六名豫岸五名所需薪糧由運庫辦公暨打帖兩款內分別開支是皆專任緝私之勇如二十六年河東道吳廷斌招練之運安鹽營原額一百四十名維時拳匪煽誘安邑古村亂象已成聞喜迤北各縣亦復蠢蠢

欲動絳州猖獗尤甚擄職辱官殺斃教民投尸於汾水者數百人悉賴運安鹽營會同練軍馬隊前往剿捕擒斬首要解散脅從奪逆之不獲逞志於南未始非運安鹽營之力也今環池駐紮仍分三哨計步勇一百一十二名馬勇十四名薪餉等銀由團練項下動用又如三十二年河東道陳際唐督練之鹽捕營新軍五百人因先是一年河東道吴匡任內殲除平陸絳縣兩路戕官劫庫之哥老會匪賴由省城調撥常備馬步諸軍第伏莽未清省軍急須調練不能不

另編勁旅扼要塡防無事兼任緝私有事專供策應亟由皖省代購德國新式快槍四百桿期於有備無患薪餉旗衣等項由省局軍磧鹽釐項下撥用不敷之數司道兩庫分籌是皆捕務緝務兼任之勇此外守庫親兵三十名兼備隨時差遣併管帶薪費統由辦公項下開支

官職

鹽政

歷任題名

貟鳳林 陝西三原縣進士光緒二十一年十月署

胡聘之 湖北天門縣人同治乙丑科進士光緒二十一年十一月任

奏撤陝豫督銷接辦官運

何樞 河南祥符縣人咸豐丙辰科進士光緒二十五年二月護是年八月再護

毓賢 滿洲正黃旗監生光緒二十六年三月任

李廷簫 湖北黃安縣人咸豐癸丑科進士光緒二十六年六月護

錫　良 蒙古鑲藍旗人同治甲戌科進士光緒二十
六年閏八月任現任雲貴總督

岑春煊 廣西西林縣舉人光緒二十七年二月任
奏准晉省引地仿照陝豫改爲官民
並運歷升兩廣總督郵傳部尚書

趙爾巽 漢軍正藍旗人同治甲戌科進士光緒二十
八年七月護現任四川總督

吳廷斌 安徽涇縣監生光緒二十九年正月護

張曾敭 直隸南皮縣人同治辛未科進士光緒二十
九年六月任三十一年平陸縣屬之茅津渡
以及絳縣匪徒肇亂有戕官劫庫之警立派重兵南
下解脅擒渠民賴以安

張人駿 直隸豐潤縣人同治戊辰科進士光緒三十
一年九月任現任兩廣總督

恩　壽 滿洲鑲白旗人同治甲戌科進士光緒三十
二年二月任

奏停陝西路工加價
調任陝西巡撫

寶棻蒙古正藍旗生員光緒三十三年九月護十
二月任咨減豫省路捐設北路鹽務總局

丁寶銓江蘇山陽縣人光緒己丑科進士宣統元年
十一月任

吏役附

光緒二十七年四月奉
上諭各衙門額設書吏均著分別裁汰等因院署書吏於
二十九年逐一考試裁汰一百三十三名留繕寫書
吏六十名鹽務原設飯食廩給等銀照案解院勻給

河東道

歷任題名

奭良 滿洲鑲黃旗蔭生光緒二十年十月任

恩銘 滿洲鑲白旗舉人光緒二十三年二月署洊升安徽巡撫卒於難謚忠愍

楊宗濂 江蘇金匱縣監生光緒二十三年六月任

曾樹椿 四川慶符縣拔貢光緒二十四年二月由蒲州府兼護

趙爾豐 漢軍正藍旗監生光緒二十四年九月由監掣同知兼護二十五年二月再兼護

閻迺竹 陝西朝邑縣人光緒癸未科進士二十五年九月署

吳廷斌 安徽涇縣監生光緒二十五年十一月任次年五月拳匪搆禍全晉鼎沸練兵防禦剿捕蒲解獨獲安全秋冬大饑籌款賑濟士民戴其德立碑紀之歷升山西山東布政使署巡撫纂

張　毅直隸天津縣難蔭生光緒二十七年三月署

馮　煦江蘇金壇縣人光緒丙戌科進士二十八年四月任創辦河東各學堂歷升安徽巡撫

吳　匡浙江烏程縣監生光緒二十九年三月任詳定學堂規制開辦師範學堂飭除南路會匪補運久格不行力陳商艱獲允商民愛戴各立功德碑記歷升山西布政使

陳際唐安徽懷甯縣廩生光緒三十二年二月任三十四年鹽政寶棻遵
旨保薦人材以山西全省吏治推河東屬境為第一足為表率有方實事求是之明效堪備
聖明任使奉調赴部查驗旋因開辦加價商情疑阻
奏准暫緩赴部著有牧令芻言一書共相勸勉

姚　楷安徽繁昌縣人光緒己丑科進士宣統元年十一月由監掣同知兼護

張汝爔順天武清縣附貢宣統元年十一月署

吏役附

道署於光緒三十年裁汰地方鹽務書吏五十二名留書手七十九名節省雜課項下工食銀四百五十二兩零裁汰快手皁隸等役七十七名留六十二名裁賸額編役食歸於留存各役均勻支給餘如增志

監掣同知

歷任題名

張元鼎江蘇婁縣舉人光緒四年任充增修河東鹽法備覽總纂官籤升甘肅慶陽府知府

李潮海陝西朝邑縣附貢生光緒十一年署

張貽瑄山東海豐縣增貢生光緒十一年任

趙爾豐漢軍正藍旗監生光緒二十二年任洊升駐藏辦事大臣川滇邊務大臣

儒　芳滿洲鑲白旗人光緒庚辰科進士二十五年六月由安邑縣知縣兼署

吳廷燮江蘇江甯縣甲午舉人二十五年十二月署洊升民政部右參議

姚啟瑞安徽桐城縣監生光緒二十六年任

張梅生安徽桐城縣監生光緒三十三年三月代理

鮑振鏞江蘇東臺縣拔貢光緒三十三年四月署

向椿萩直隸衡水縣舉人光緒三十三年十一月署

姚　楷安徽繁昌縣人光緒己丑科進士三十四年任

吏役附

光緒三十年裁汰書吏四名留書手十二名節省雜課項下工食銀四十六兩零裁汰快手皁隸四名留十六名額編役食均匀支給餘仍舊

運學

歷任題名

張文釗 霍州歲貢生光緒二十四年四月任

劉彬 忻州歲貢生光緒二十六年十一月任

喬炳南 祁縣附貢生光緒二十七年十二月任

吏役附

運學齋繕夫額編工食向由安邑縣錢糧留支光緒

三十三年奉文停止

經歷司

歷任題名

胡芸馨 安徽含山縣監生光緒二十九年任

吏役附

光緒三十年皁隸裁汰二名留四名額編役食均勻

支給餘仍舊

庫大使

歷任題名

尙其光　漢軍鑲藍旗監生光緒三十二年任

吏役仍舊

中場大使

歷任題名

賈榮福　江西高安縣監生光緒十八年任

趙宣哲　河南澠池縣監生光緒三十年任

吏役附

查中東西三場於光緒三十年各裁汰扒書一名皁隸一名額編役食均勻支給共節省雜課項下工食銀一百三十三兩零餘仍舊

東場大使

歷任題名

曹槐江　湖北江夏縣監生光緒十年調任

賈榮福　江西高安縣監生光緒三十年調任

吏役見前

西場大使

歷任題名

賴燮垣　順天大興縣監生光緒十年任

柳賢彬　浙江鄞縣監生光緒二十二年任

和　文　滿洲正白旗監生光緒二十五年任

黃丙華　四川酉陽州拔貢光緒二十六年任

朱　垣　廣西臨桂縣監生光緒二十八年任

吏役見前

解州州判

歷任題名

賀光謙　直隸武强縣優增生光緒十八年任

任毓蓴　陝西醇化縣拔貢光緒二十八年任

高慶祉　陝西延川縣拔貢光緒三十一年任

陳世昌　湖北黃岡縣舉人光緒三十四年任

吏役附

舊有槍手三十名光緒二十二年裁撤見鹽池門餘

詳解州志

鹽池司巡檢

歷任題名

讓興仁　湖北江夏縣監生光緒十九年任

吏役附

光緒三十二年釐定新章鹽池長樂聖惠三巡檢司每司書手一名皁隸二名巡勇二十四名額支工食等銀詳鹽池門

長樂司巡檢

歷任題名

許桂森　江西奉新縣監生光緒二十三年任

沈春圻　浙江山陰縣貢生光緒二十七年任

唐沛霖陝西三原縣監生光緒三十三年任

吏役見前

聖惠司巡檢

歷任題名

方皋安徽桐城縣監生光緒十二年任

范鶴南陝西郃陽縣附貢生光緒三十二年任

吏役見前

運城營員弁於光緒二十九年裁缺歷任遊擊守備

把總各名籍案卷不全今從闕

渠堰

姚暹渠

咸豐六年後久未疏濬光緒十四年河東道邁拉遜因渠心淤澱閒與堰平調練軍營旗起夏縣五里橋訖運城西三里橋濬渠心一萬四百五十六丈八尺堰身增卑補薄六十丈支津貼銀七千九百六十餘兩明年大雨渠流下注復加搶修自此水利均霑惟嚴禁攔渠築壩二十年五里橋至毛家橋一帶挑淤補陷用銀一千三百餘兩至今渠流通暢

池東各堰

堰在池東其數六李綽堰爲最要自築迎水燕尾堰後無大工白沙堰者李綽堰外藩上游西岸爲官堰東灘及沿河下游爲民堰舊時姚暹渠工程項下歲用鹽池生息銀一千兩八百兩滌姚暹渠二百兩修白沙民堰光緒九年減半發給禝後戶口凋敝未能切實挑修十四年河東道邁拉遜請照原案借動鹽池生息銀六百兩交由夏縣知縣督修按年坐扣淸款二十四年水災劇夏縣知縣盛沅復援前請豫支

八年歲修銀一千六百兩以工代賑三十三年後仍按年領修至官堰工程亦以二十四年爲最鉅堰身嚙毀泥沙瀰漫八閲月而工始竣用銀五千八百餘兩此白沙堰之大要也東禁堰爲池東第一保障黑龍堰護於外十三年黑龍決灌東禁抵石馬道冒雨堵築幸免入池十九年漫決如前晝夜搶護掘引河洄積水始得無患此又東禁黑龍二堰之大要也雷鳴白家等堰歲修無險不贅錄

池西各堰

五龍堰吐納五峪諸水爲池西最要屏蔽居舊志五堰之一有大小之分光緒二十年署河東道閻迺珏派員擇要勘修淤者疏斷者續小堰禦暴潦大堰之郛續長三十九丈用銀四千七百餘兩二十五年潰二十七年又潰厥工皆鉅用銀千數百兩其他曰七郎曰長樂曰硝池歲加小修迄未出險卓刀亦近池要堰十六年以銀千餘兩修之明年復決通體興築賴以永固此歷修五堰之梗概也桑園常平龍王賀家灣等堰在池之南爲增修備覽所未載二十年搶

險善後各工亦用款至六千餘兩之鉅附錄以備稽
考
議修章程
免商之初鹽池搶險渠堰歲修等工分別
題奏彙咨照例估銷嗣因坐商積疲鹽池銷價等生息
寖成無著工無鉅細歷由坐運商販捐辦核實報院
再未
題估
題銷光緒九年鹽政張之洞專札立案除鹽池搶險由

道酌定用款隨時稟報查核聽候委勘驗收外其餘百金以下者由道估修彙報百金以上者必須稟候
批示方准動支至今遵辦所有正動工款屬於渠堰者動鹽池歲修屬於禁垣祠廟者動牆工經費屬於地方修理者動池腳備公其如何徵收附見課額篇後

姚暹渠歲修章程

舊例以銀八百兩於農隙水涸之時責成監掣同知履勘估修光緒九年以後改爲遇有淤毀隨時詳估

辦理

河渠並修章程如增志

估銷期限見前議修章程條內

督修責成

渠堰鉅工歷辦章程俱係監掣同知督同各州縣修理光緒九年以後兼委三場大使或三巡檢司以及候補各員爲幫辦仍歸監掣同知總司其成並有調撥營旗承領修理委監掣同知前往驗收者總期款不虛糜工無偷減至三年保固則悉遵舊例用專責

成

護池灘地如增志

籽粒灘地如增志

鹽站籽粒地如增志

坐商

錠名如增志

銷價

銷價原以供曬本以故取諸運商發給坐商自咸豐三年改章每課一名徵銀三兩三錢四分六釐今猶爲例惟按錠給發之數除撥入河東書院膏火銀四錢六分外實給坐商銀五兩五錢四分歲分八月十二月兩期發放繼因引懸課絀銷價短收每歲祇發一期甚或兩年一發光緒九年鹽政張之洞批定按

年給半永以爲例存留上半銷價備充書院膏火今
書院改爲學堂經費開支胥賴乎此
畦地
畦業之荒蕪始於光緒三四年之旱災繼以二十四
年之淫雨迄二十六年又爲丁戊之續潞鹽行銷地
面戶口凋敝始終未能復元供不敷求上足病課產
多銷寡下足病商兼以傭値倍昂售價濫賤至有數
千金之產不値一文者當時補救維持鹽政胡聘之
曾有酌借款項修治畦地之

奏無如庫款有限商力難支棄業遠颺指不勝屈幸產
收鹽數足敷配運尚無脫銷之虞

澆曬

鹽池自黑河被淤即就濘泥取水其形口面廣寬有
環繞數十丈者下則層遞縮小用戽兜水每階二人
歷數十階始達畦面工多費鉅經久可期光緒六七
年間東場坐商舉人李傳典創鑿井新法表細而圓
裏虛而容其深及泉其汲以綆復因土性鬆鬆勢難
壁立竪以木名曰樁周護井壁費廉工省然不數年

而涸終不若滹沱之效遑用宏今之鑿井者多修治滹沱者曾不數覩商情困憊各取其宜方今東場產鹽十之七八端賴乎是中西鹵斥淺薄率皆就畦養水尤覺把握毫無至刮收新鹽各該管場員自五月朔始九月朔止半月一報由道按月報院盤料後彙

總報查

歸併如增志

租課如增志

鹽課如增志

坐配如增志

運商

招商

晋之官運官銷陝豫之官民並運爲籤商後一大關鍵相沿五十餘載雖或因時補救卒未更易規模如光緒九年鹽政張之洞飭募專商認辦陝岸之渭北引地輔民運之不逮是爲參酌權宜之始嗣因行之無效十九年鹽政張煦奏辦陝豫督銷派員領款運鹽擇民販之殷實者令各領鹽專賣官司督運民任分銷私販麕聚之區統歸督銷自辦民承其易官任

其難陝之渭北十八州縣共領庫本四萬兩豫之鞏孟襄郟葉寶六縣共領庫本二萬兩計在規復懸岸屏蔽鄰私並以濟民運之窮二十二年鹽政胡聘之奏撤督銷改行官運名稱固異辦法實同獨晉省官運官銷究其內容則運夥代辦官涚運夥爲魚肉運夥倚官爲護符射利居奇病民病課二十七年鹽政岑春煊奏改官民並運三省一律以近池之蒲解兩屬暨聞喜與毗連土鹽引界之靈石共十三州縣統歸官運總局承辦此外三十一州縣悉聽民販散運

詎銷無定地運無定人官私無所區分引課益形短絀二十九年鹽政趙爾巽奏改包販專其責成進退之權屬於鹽道領引以及封課徑由包販具名而所在之地方官仍惟緝私是任便民裕課二者兼之

增價

河東自免商以來鹽無定價然盈虛消長其中固自有權衡何也鹽產於畦計在工本引行於岸計在運費而最要機關尤在課項之重輕銷路之暢滯商固無從強抑官亦不能居奇光緒十一年後加徵海防

經費晉陝另籌加價按引攤捐償款攤捐公約賠款

與夫銷鹽省分之籌餉加價賠款加價普通加價鐵

路加價假手於商取償於民第價愈昂而私愈充本

愈重而銷愈滯緝私恤商諸要義所當加意講求也

加耗如增志

均引

陝豫官一民二猶是舊法已難按年清綱晉引官運

官銷祲後封不及半於是通融陝豫謂之代銷陳陳

相因愈積愈重自改三省晝一晉引一千六百六十

六名一百八引經年之久民販僅封三百餘名光緒三十年仿行均引之法除蒲解兩屬暨聞喜靈石十三州縣統歸官運局領辦外其餘三十一州縣按歷年銷數之多寡獲利之厚薄匀配引額千名責成各販包銷銷不足數各令包繳課項故名包販亟嚴定課限每年以二四兩月爲上期九冬兩月爲下期計課而不計鹽雖以前遞積之五綱未能驟議提前而竭力經營併計新陳約可勉敷定額

掣放

掣鹽定額始於道光初年御史袁文祥條奏爲便於稽查杜絕朦混三場合計每日不得過七十五名照數勻分並無軒輊十五年池遭水患西場尤重東場坐商王恆泰請於西場額定二十五名內借撥東場十五名中場五名經河東道郭文匯詳奉鹽政申啟賢批准照辦沿至光緒二十年解州福生等鹽店以西場產鹽日旺銷數亦較昔倍增中東兩場掣鹽恆不及額請將原借西場名數酌量撥還稟經署河東道閻迺玨轉詳鹽政張煦批定東場撥回四名中場

撥回一名自是遵循東場日放三十六名中場二十九名西場十名原設收籌一差於三十年河東道吳匡任內改由場員兼辦餘如增志

行銷

自吉蘭泰引課責成潞商攤完太汾食無課之鹽潞綱繳無鹽之課寖後潞引積滯鹽政張之洞籌撥運本六萬兩奏明試辦太汾事在光緒十年配掣潞鹽百名分運太原府屬之陽曲太原榆次太谷祁縣文水徐溝汾州府屬之汾陽介休平遥孝義十一縣責

成地方官設局試銷辦理未及一年成效難期旋卽中輟三十二年蘆商告運太汾以正太鐵路將成蘆鹽輸運較易擬援平定盂縣樂平兼食蘆鹽之例凡火車能到之鹽稅引境均得照章納稅借地行銷河東道陳際唐轉據商情詳請咨阻一面通籌大局責成官運局援案試辦鹽政恩壽韙其議以運城安邑爲根據地設轉運於霍州並以平遙爲運銷陽曲汾陽爲專銷餘皆名曰分銷一切辦理章程務在撙節開支輕減成本所在各局均選任司事不派委員該

處蒙鹽價昂土鹽味劣潞鹽雖由官運仍准蒙土兼食不稍抑勒所謂順輿情疏積引保權利杜鄰私誠潞綱一大轉機惟道遠運艱本重利薄盈虛酌劑庫款攸關是賴有以善其後耳

運程如增志

失水補運

大河天險爲潞鹽運豫運陝所必經渭水自甘發源貫注西乾兩府州至同州府屬之朝邑入黃勢激流湍爲陝岸水運要路遭風失險原有補運例章其入

格不行殆因船戶水手舞弊所致光緒九年鹽政張
之洞循例俯允未幾又復議停十九年創辦督銷詳
准鞏孟補運陝運亦相繼請補獨民販向隅三十年
河東道吳匡慨念加價迭增商本與官本並重爰定
履勘規則除例由地方文武會勘結轉復責成沿河
駐緝卡員劃界分疆如期履驗夾馬口局北轄至廟
前渡南轄至鹼莊下馬口局北轄至鹼莊南轄至風
陵渡三河口局北轄至朝邑城南東轄至潼關西轄
至大張臨渭局東轄至大張村西轄至草灘草灘以

西之咸陽等處均歸乾武局管轄夾馬口對岸之韓
郃澄朝屬地由韓郃緝私局北轄至芝川鎮東轄至
朝邑縣城各按各區勘實詳報由道彙核詳轉分別
准駁鹽政張曾敭韙之案乃定至今奉行無弊

分別給票運鹽如增志

改置年季商首如增志

禁革州縣鹽規

山西州縣之定有緝私經費始於光緒七年載在增
志九年鹽政張之洞復申需索陋規之禁並將緝私

經費改爲銷鹽一名運夥輸銀二十兩概不分等仍
銷至七成以上方准開支署代人員按月勻計彌補
巡緝公用此外到任贄見節壽季規刑錢門印抽豐
隨使等名目一律全裁同城之文武微員舊貲津貼
併准於七成銷滿一體開支多寡以向章爲率其分
位較尊之知府參將雖同城亦不致送黨州縣因鹽
規裁革牽掣商人之肘抑或任令私梟出沒置之不
理由道查明詳參資其辦公盈以嚴其責任今雖改
爲包販一切因之

扒票各式如增志

引目

鹽引本末

歸丁裁引

復商引數

復商額引分目

以上四條備載增志皆免商以前故事茲存分目

以符原例

官運引數如增志

官運額引分目如增志

領繳則例

領引原有定限自經奏銷迭展綱引遞積領期亦即遞推光緒二十六年始停奏銷展限是年秋季派領二十二年丙申綱新引自斯以後挨綱請領期亦如之至官民繳銷殘引陝西由三河口委員蓋戳河南由鹽經歷蓋印山西自改官民鉦運設隘口批驗四十四州縣殘引統歸隘口委員蓋戳併截第四角隨時繳道貯庫三岸繳齊後彙總鑿孔解部

奏銷期限

湖自奏銷展限以來每十六箇月奏銷一次三綱之
引四年方能銷完光緒二十六年停止請展是年八
月底爲甲午綱鹽引奏銷屆滿之期因卽依期造報
嗣後每綱新引均於九月朔開辦年滿奏銷繳引若
干歷准分年帶徵至今遵辦

課額

以上六條備載增志皆免商以前故事茲存分目以符原例

官運課程

河東鹽課經四次核減自光緒六年始仍復歲徵銀五十五萬六千三百五十九兩一錢二分五釐之舊不數年籌辦海防繼復益以四國洋款克薩鎊款大案賠款近又奉行抵補藥稅統計新增之款名目有六始於十一年者曰海防經費歲徵銀五萬二千九百八十六兩五錢八分四釐始於二十二年者曰晉陝另籌加價歲徵銀七萬一千九百六十九兩八錢始於二十六年者曰按引攤捐歲徵銀三千一百七

十九兩一錢九分五釐始於二十七年者曰償款攤捐歲徵銀一萬二千七百一十六兩七錢八分始於二十八年者曰公約賠款加價歲徵銀二十一萬一千九百四十六兩三錢三分三釐始於三十四年者曰普通加價歲徵晉省一半解部銀七萬一千六百七十六兩七錢一半解司銀七萬一千六百七十六兩七錢又解司陝豫兩岸撥回產鹽省分銀七萬八千八十二兩八錢四釐合計新增銀五十七萬四千二百三十四兩八錢九分六釐連原有課額共應歲

徵銀一百一十三萬五百九十四兩二分一釐其陝
豫兩省另徵之新舊加價不在此數所有
奏咨各原案備載奏疏門以及攤徵細數見後徵收則
例條下

徵收則例

河東道庫經徵各款向皆按引勻攤自光緒六年以
迄於今綱引未嘗增減合三省併計共四千九百九
十八名七十九引又靈寶三百名是為五千二百九
十八名七十九引每一百二十引為一名每引配鹽

二百五十斤每名合鹽三萬斤在先商運時以五月至九月爲課限每月三六九日開庫課項公務均各按引封齊今課限改爲常年而庫期仍舊所有按引徵收之正雜課項暨節次新增各款一併分晰列後

一三省正課每名銀五十兩每綱合銀二十四萬九千九百三十二兩九錢一分七釐咸豐四年定章內除解部領引紙價銀一千七百九十九兩五錢一分七釐實入撥册銀二十四萬八千一百三十三兩四錢歷奉部撥指解甘餉

一三省雜課每名銀五十五兩每綱合銀二十七萬

四千九百二十六兩二錢八釐咸豐四年定章内除鹽屬各官役養廉工食並解餉領引委員盤費一切年額支解公用銀二萬六千八百餘兩實入撥册銀二十四萬八千一百餘兩歷奉部撥指解甘餉

一靈寶正課每名銀五十兩每綱合銀一萬五千兩咸豐五年議加鹽票七年改領部引内除解部領引紙價銀一百八兩實入撥册銀一萬四千八百九十二兩歷奉部撥指解甘餉

一靈寶雜課每名銀五十五兩每綱合銀一萬六千五百兩咸豐五年議加内除撥解河南藩庫唐裕銀五千七百五十兩實入撥册銀一萬七百五十兩歷奉部撥指解甘餉

一海防經費每名銀一十兩每綱合銀五萬二千九百八十六兩五錢八分四釐光緒十一年遵奉部飭仿照兩淮攤捐章程定為常捐存儲候撥十三年詳蒙奏准由此款內年解甘餉銀四萬兩自二十年起改撥內務府經費

一晉陝另籌加價每名銀二十四兩每綱合銀七萬一千九百六十九兩八錢光緒二十一年遵奉部飭按斤加價以佐軍需除豫鹽由豫設局抽收外晉陝請自二十二年五月始隨課另徵此款免予加價旋奉部文每年以六萬兩解江海關道歸還俄法英德兩款息本

一按引攤捐每名銀六錢每綱合銀三千一百七十

九兩一錢九分五釐光緒二十五年遵奉部飭勸諭鹽商按年捐輸一次存候撥用自二十六年五月初一日起徵旋奉文湊解克薩鎊款

一償款攤捐每名銀二兩四錢每綱合銀一萬二千七百一十六兩七錢八分光緒二十七年遵奉部飭籌認償款河東鹽商一律攤捐自二十七年九月開辦丙申綱起徵撥解新定大案洋款

一公約賠款加價每名銀四十兩每綱合銀二十一萬一千九百四十六兩三錢三分三釐光緒二十八年遵奉部飭每鹽一斤加價二文每名折收銀四十兩自是年九月開辦丁酉綱起徵撥解新定大案洋款

一晉引解部普通加價每名銀四十三兩每綱合銀

七萬一千六百七十六兩七錢光緒三十四年遵奉部飭每鹽一斤加價四文以一半解部抵補練兵經費除陝豫已歸各該省抽收解部外晉引每名應繳錢六十千文折收銀四十三兩自是年八月起徵

一晉引解司產銷加價每名銀四十三兩每綱合銀七萬一千六百七十六兩七錢光緒三十四年遵奉部飭每鹽一斤加價四文以一半劃歸產鹽銷鹽省分勻撥濟用晉引每名應繳產鹽銷鹽加價錢六十千文折收銀四十三兩自是年八月起徵

一陝豫撥回產鹽省分加價每名銀二十一兩五錢每綱合銀七萬八千八十二兩八錢四釐光緒三十四年

遵奉部飭普通加價四文陝豫兩岸之解部一半二文暨銷鹽省分一文由各該省抽收分解晉省應得之產鹽省分一文自是年十月起劃歸運庫隨課徵收同晉引產銷加價彙解司庫抵補藥稅

按以上各款每綱共徵銀一百一十三萬五百九十四兩二分一釐皆入春秋撥册報部核銷

附列商捐公用各款

一公費每名銀十五兩每綱合銀七萬九千四百七十九兩八錢七分五釐詳見增志近因鹽務滯銷詳定包繳章程封課而不運鹽一切商捐概行豁免亟因商情困憊不能不隨時調劑先徵課款後完公用是以歲收之數多不及額下七款均此

一銷價除靈寶加引外每名銀三兩三錢四分六釐每綱合銀一萬六千七百二十五兩五錢一分詳見增志暨前坐商門

一三打帖每名晉陝銀八兩豫省銀七兩六錢靈寶銀九兩一錢二分每綱合銀四萬一千九百二十五兩三錢豫靈始於咸豐五年陝引始於六年晉引始於光緒二十七年經收此款備支三岸卯委各員緝私經費勇役船戶工食修造船隻以及開綱之用

一池腳備公每名東西場扣銀二兩二錢中場扣銀二兩一錢每綱合銀一萬一千兩譜咸豐四年免商後就運販

掣鹽池腳內提收此款以備地方公用近因育嬰堂生息本款不敷甚鉅亦即取給於此

一保用每名晉陝銀四錢豫靈銀七錢三分三釐每綱合銀二千八百八十五兩三錢三分九釐咸豐八年定章運販隨課交庫由安邑縣具領備支運安等處差務暨解餉出差車馬等用嗣改由道自辦

一牆工經費每名銀一兩四錢每綱合銀七千四百一十八兩一錢二分二釐同治十二年起每名收銀二兩光緒十一年減爲一兩四錢坐運各半捐交備支修理禁墻並歲修各工程以及巡查禁牆員役薪工之用近復湊解克薩鎊款

一團練經費每名三兩六錢每綱合計收銀一萬九

千七十五兩一錢七分光緒十一年定爲隨課繳庫每名坐商四錢運販一兩二錢備支運安鹽營薪餉宣統元年併收運商經費銀二兩抵補鹽捕營薪餉

一粥廠經費每名一錢五分每綱合銀七百九十四兩七錢九分九釐同治五年定章坐商運販共捐銀三錢嗣因體恤運販僅留坐商銀一錢五分備支冬令粥廠費用並散放綿衣等銀

按以上商捐八款向歸外銷自光緒三十三年一併列入憲政編查館暨度支部調查之統計表册

撥解定制

定制撥解餉項係於春秋撥册到部就册內徵存銀

數按款指撥遵解嗣因徵收短絀漸至先行指撥儘徵儘解並有奉飭設法籌解之項推原其故蓋由撥則按綱徵則按年一自岸鹽滯銷不能逐年清綱遂致徵不敷解是賴權衡緩急殫竭籌維於奉撥要需依期解足餘則竭力騰挪解過若干動用何款隨時造入撥册暨奏銷册詳請

奏咨核銷茲將近年奉撥定有期限各解款分列於後

一甘肅新餉銀四十八萬兩動用每綱之正雜引課等銀先於年內預解來年三成次年四月底再解三成九月底解清逐年遞推

一内務府經費銀四萬兩動用海防經費分六臘兩月解交

一四國洋款銀六萬兩又補鹽課平色銀八百八十四兩六錢七釐動用晉陝另籌加價內俄法三萬兩三月解六成九月解四成又英德三萬兩按二五八冬四箇月勻解

一新定大案洋款銀五萬九千兩動用各項鹽課銀五萬兩償款攤捐銀八千兩分十二箇月勻解每年臘月朔爲第一期至次年冬月朔解清又動用司撥加復俸餉銀一千兩分臘三六九四批勻解

一代司庫歸還新攤大案洋款銀一十八萬兩隨補關平銀二千九百五十七兩四錢又補鹽課平色

銀二千六百五十三兩八錢二分四釐動用公約賠款分十二箇月勻解每年臘月朔為第一期次年冬月解清

一克薩鎊款銀二萬三千兩又補鹽課平色銀四十四兩三分三釐動用官運餘利商捐工程銀二萬兩按引攤捐銀三千四十四兩三分三釐每年冬月初十日解清

一解部晉引普通加價

一解司晉引產銷加價

一解司陝豫撥回產鹽加價以上三款儘徵儘解

按運庫解款尚有解部減平在京部院各衙門飯食

規禮公費等銀均係循例解交照案造報無關指撥
概免贅錄又有前奉指撥之雲南銅本以及抵補江
南松滬貨釐因引積課懸無從籌解故不列入

課錠平色

運庫平式自百兩正法遺失後副法年久磨輕光緒
十二年派員赴部領換正副新法馬自一錢起至一
百兩各一十九錠經戶部照依庫儲祖法較準頒發
二十六年委員孫壽椿解直隸薊州董軍兵餉正值
中外開衅又將帶往較對交餉之百兩副法遺失嗣

後兌收鹽課卽以庫存正法爲準委員解餉仍以錢法較準帶往比兌至十兩課錠暨九九成色悉遵舊制

官運公用款册

增志所載之九十款內除補解霉爛引紙價領換霉爛引盤費兩款爲多年所未支已歸删除外餘則於每綱奏銷雜課時照案以二萬六千八百餘兩開列應支仍分别實支節省以及扣存提存分款造報並有於雜課外另行提扣二款出自商捐公用等項者

茲併列於後以備統計入款之目

雜課項下節扣八款

一賓興文武生員文武舉人酒筵等項節省銀二百

一十九兩二錢五分二釐

一支發官役養廉工食六分減平無定額以上二款每年於春秋二季專案解部

一扣存各項節省銀五千兩譜

一扣存空曠空缺銀無定額

一扣存鹽屬各官役紙硃工食三成銀二千兩譜

一扣存監掣同知養廉一成品級銀一百二十兩以上四款湊解甘協各餉

一扣存繳引飯食等銀三百七十兩此款留備解繳殘引時支用

一提存涼莊將軍都統養廉盤腳價鞘木等銀二千六兩三錢一分四釐此款光緒十一年咨部湊解甘餉二十九年咨准湊解大案洋款

商捐公用等項提扣三款

一提備餉需銀一萬四百六十一兩此款係光緒十一年奏明將河東鹽務各官公費分別減支停支作爲報効餉需撥解甘餉嗣又咨准湊還四國洋款

一提存商捐工程及官運餘利銀二萬兩此款係光緒二十六年奉准部飭各省關稅釐金鹽課裁去陋規提歸公用當將官運盈餘並工程裁減每年以二萬兩提存公用撥解克薩鎊款

一提撥加復俸餉銀一千兩此款係光緒十三年奉文將河東應解司庫之京員津貼改爲加復俸餉二十六年改解大案洋款

再查運庫撥册尙有畦稅一款係復商案內　奏准坐商典賣畦地每價一兩納稅三分由河東道印契無庸粘司契尾所收銀兩歲無定額湊解甘協各餉

律例

律例如增志

處分則例

一本地私鹽興販出境及鄰邑私鹽入境販賣該管之州縣吏目典史等官不能擒獲扣限六箇月查參係小夥私鹽不及十人爲小夥將該管官罰俸二年再限一年緝拏限滿不獲降一級留任鹽犯照案緝拏係大夥私鹽十人以上及帶有軍器者爲大夥將該管官降一級留任再限一年緝拏限滿不獲即照所降之級調用鹽犯照案

緝拏俱公罪

一小夥私鹽拒捕傷人之案州縣官失察一次者降一級留任二次者降二級留任俱戴罪勒限一年緝拏限滿不獲革職留任拏獲及半准其開復或拏獲別案私鹽亦准其抵銷無獲按限開參失察三次者降四級調用道員知府直隸州等官無庸以通屬州縣併計失察二次者降一級留任三次者降二級留任俱戴罪限一年督緝限滿不獲革職留任拏獲及半准其開復或拏獲別案私鹽亦准其抵銷無獲按限

開參失察四次者降三級調用俱公罪

一大夥私鹽聚衆十人以上拒捕傷人者州縣印捕官降二級留任道員府州等官降一級留任俱限一年緝拏限滿不獲專管官照所降之級調用兼轄官降二級留任俱公罪

一鹽課正項雖完耗羨未完及引票係通融銷售並現年之課雖完而帶徵之課未完者均不准議敘該督撫鹽政於題銷疏內分晰聲明以憑查覈

一奸商捏報淹消朦領護照如部行未領先請給發配

運到岸地方官扶同揑報者革職拏問該運司並不查明遽行發給護照者照徇庇例降三級調用儻地方官止係失於覺察致被朦混轉詳者降三級調用未經查出給發護照之運司降一級調用俱公罪

一專管地方之印捕官一年內能拏獲小夥私鹽一起者紀錄一次二起者紀錄二次三起者紀錄三次四起者加一級每按一起照此遞加兼管之道員府州一年內統計所屬拏獲小夥私鹽三起者紀錄一次六起者加一級每按三起照此遞加

一專管官一年内能拏獲大夥私鹽一起者加一級二起者加二級三起者不論俸滿即升兼轄官一年内統計所屬拏獲大夥私鹽一起者紀錄二次二起者加一級三起者加二級每按一起照此遞加

按右數條均光緒十三年修改

銓選則例

一光緒十年奏定鹽運同鹽庫各大使布政司經歷布政司理問按察司經歷直隸州州同州判無論何項缺出統令各該省咨部銓選一次扣留外補二次在

部所開之缺未經聲明扣留仍應歸於月分銓選無
庸積缺以免參差攙越
一光緒二十年奏定嗣後將升調遺缺雜項所開之缺
與丁憂病故所出之缺分為兩輪各積各缺按照咨
留定例分別核計所有截缺日期丁憂病故遺缺仍
以例定截缺日期為斷升調遺缺雜項所遺之缺無
論內選外補均以奉
旨見缺之日為斷以免牽混而歸畫一
一科舉停後奏定錄用舉人新章無論中式久暫省分

遠近准赴吏部具呈考試由部奏請
欽派大臣會同揀選一等者以直隸州
州同鹽庫各大使用二等者以知縣用三等者以按察司鹽運司經歷
州判府經歷縣丞用中式未滿十年分别捐免年限
一科舉停後奏定録用五貢新章除恩拔副貢准就職
直隸州州判外五貢兼准就職按經歷鹽經歷州判
府經歷縣丞等官其考取未過十年者分别捐免年
限
一三十三年奏

旨疏通舊學寬籌出路著禮部會考舉貢分爲三等舉人之挑取二等者以直隸州州同鹽庫各大使用三等以按經歷鹽經歷州判府經歷縣丞用免繳捐免年限銀兩五貢列二等視舉人之三等

禁緝扼塞

山西省

硝池灘見鹽池門

五姓湖自犁毀井畦後仍派委巡緝以善其後今雖裁留一員仍與永虞臨三縣按月會哨結報俾免百

密一疏

蒲灘設津貼代賦俾灘民無所藉口意美法良光緒十二年河東道俞廉三查知代賦銀兩舊由永濟縣先徵後給徒多周折易啟侵漁由縣具領徑解司庫民無墊完之苦官無徵比之煩石示於灘永為成例至津貼一項自光緒六年減半給領十年減為半中之半殆因大祲之後戶口凋殘其查灘委員一正兩副或由省派或由道派或改用武弁或一正一副皆因時制宜現祗遴委鹽務一員督勇駐緝並自三十

二年爲始將永濟縣折工人犯發往平堆塡井期於

盡絕根株

雜心灘如增志

龍王廸初裁緝私委員時維光緒九年鹽政張之洞

弛吉蒙等鹽水運之禁准運至皇甫川爲止扼要於

包頭河曲置卡抽釐河曲以下之天橋羅峪馬家塔

子以及軍渡磧口或責成通判或責成釐局嚴行查

緝外似放寬一步內實收緊一分龍王廸居磧口下

游無私可緝因卽飭裁明年陝境花土等鹽由延長

對渡入晉以龍王廟爲起岸處所侵及霍隰所屬引
地遂議復設三十一年節冗費復裁撤
三門口緝私委員光緒十五年移駐鞏縣之洛河口
其時蘆私内灌充塞於登封鞏孟閒未幾年豫岸創
辦督銷鞏孟三門各派員二十九年改爲自春徂
秋督勇十名分駐盤南蒿店冬令併駐三門三門水
勢激湍當盛漲時步勇難期得力盤南蒿店爲私船
停泊之所相時塡紥用臻周密
碛口鹽捕通判光緒三十三年移設東勝廳碛口裁

缺地方捕務歸冀村巡檢接管鹽務河快緝私等費均歸節省

鵰巢艮馬虒亭爲潞澤緝私三卡光緒八年移鵰巢艮馬二卡於大河口東陽關論其要衝大河口爲最東陽關次之均緝蘆私虒亭驛又次之兼緝蒙土各私該三卡委員或由潞安府委或由河東道委遴有變更其終仍歸河東三十年大河東陽兩差以各該釐卡委員兼充旋歸壺關黎城兩縣兼辦虒亭屬襄垣縣治亦即責成接管原設員勇經費全歸節省

陵川毗連豫界密邇蘆私要隘有三曰甘河曰奪火曰古郊距縣八九十里百里不等又有柳樹東磢小雙諸口縈迴鳥道防不勝防更有嶺名狐兒者向爲私窩不獨爲患陵川鳳高亦均波及河東道吳其復於光緒八年遴派三員督勇分紮私發稍戢嗣後改爲一員勇餉半歸商認自二十八年官民並運後鳳高商認之勇餉相率停止僅陵川縣知縣認募巡勇九名其餘二十名餉由庫支

陝西省

陝岸引地灘私內患也花私外患也鹵泊灘橫杭蒲
富蒲東富西二者相權西灘尤烈其法收土淋鹵用
鍋煎熬名鍋鈀鹽色黑味鹹東灘鑿井開畦澆曬與
解池略同名淖子鹽又名白不鹹總名曰小鹽色白
味澀自光緒三年大加懲創後未幾復萌故智塞井
夷竈之說徒煩文告罕見實行加以宜川洛川宜君
三水淳化邠州長武麟遊扶風等縣與潞鹽引地接
壤例食花馬池鹽本輕價廉到處侵灌以致渭北一
帶潞販裹足不前光緒八年鹽政張之洞飭道派員

查辦先從嚴禁灘私入手因民間之以澹食藉口也於是招定潞鹽專商因官吏之諉咎鄰私也於是分設渭北四卡自此以往督緝未嘗稍懈陝引得有溢銷而地方官紳往往以大利在民欲弛灘禁化私爲官之策屢准函咨而利少害多以河東道俞廉三駁阻爲最切嗣經陝撫派撥防勇駐紮蒲富兩界之荊姚鎮與印委按期會哨袪其太甚終難盡絕根株十九年鹽政張煦奏辦督銷渭北設三員一駐蒲城管大白蒲富同耀涇三高九州縣注重嚴緝灘私一駐

郃陽管韓郃澄朝四縣一駐乾州管乾武永興醴咸六州縣皆堵截花私一駐渭南管臨渭二華藍五州縣專緝灘私南渡各卡巡勇按地分配多寡有差二十二年鹽政胡聘之奏明接辦官運因仍未改惟蒲城委員管九州縣時有鞭長莫及之虞三十二年河東道陳際唐復設駐耀一員以同耀涇三高五屬隸焉仍循開辦時渭北四卡之舊渭南爲灘私去路員勇照派

河南省

豫岸引地之患曰蘆私曰汴私前志已言其詳汴私不能單行率皆販至南陽攙入潞鹽售賣蘆私則毗連壤接且味厚價廉以葦孟襄葉郟寶爲侵灌最要門戸同治十三年之試辦襄郟甫行卽輟光緒初年之試辦葦孟雖有小效然亦勉强支持十九年奏辦督銷以葦孟爲基礎募水勇設巡船規模擴張成效立致而襄葉而郟寶次第舉行自接辦官運以來設轉運於韓城汝州又葉縣屬之保安寶豐屬之滍陽均設分銷各局於是水陸兩運相爲犄角現計官運

六縣一員專理鞏孟一員管理襄葉郟寳巡勇支配

緩急相需

學校

學宮

學宮圍牆於光緒十五年河東道邁拉遜任内籌款

通用磚砌並補修殿廡殘缺三十三年欽奉

諭旨

先師孔子升大祀經禮部議奏直省府廳州縣

文廟殿廡牆垣

崇聖祠殿廡一律通覆黃瓦

大成殿

大成門街門

御碑亭𥁞須修飾見新河東道陳際唐派員督飭紳商領款

興修詳明動用鹽池歲修銀萬餘兩閱年餘而工始

竣三十四年十一月

今上御極奉

旨著南書房翰林書中和位育匾額頒發懸掛餘詳奏疏

及藝文門

名宦祠如增志

文昌閣如增志

魁星閣如增志

樂舞見奏疏門

學額

自停科舉後士子進身之階由各學堂畢業諸生分等考取雖學生各有定額而逐漸推廣遞有加增郎如五年畢業之河東中學堂成於光緒二十九年原額學生一百二名又客籍四名三十四年已增至二百二十名是年畢業者五十六名四年畢業之河東高等小學堂成於三十一年原額學生六十名三十

四年已增至六十七名是年畢業者二十二名應得獎勵出身由提學司詳咨學部考核分別奏咨照章給獎姑誌大略以備稽考

書院

道屬生童隸民籍者肄業河東書院隸商籍者肄業宏運書院備載前志河東道馮煦吳匡任內際停止科舉之始遂於光緒二十八九暨三十一等年先後將河東書院改設河東中學堂爲升入省城大學堂之豫備其宏運書院改設河東初級師範學堂分館

易完全兩科以養成各屬教員暨升入省城優級師範爲宗旨并附設高等小學堂於內期於試驗師範兼爲升入中學堂之豫備不分籍界但分學科第綱目雖張而規模未備三十二三四等年河東道陳際唐次第擴充建築設置以及圖書標本彝器河東中學堂動款至七千餘兩初級師範學堂動款至六千餘兩附屬高等小學堂亦動款至一千七百餘兩皆官紳合辦用昭覈實加以廣學額增教員不惜鉅貲力求進步常年經費歲需一萬四五千兩悉由道庫

籌支

按豫備立憲以地方自治爲基礎河東道陳際唐於成立各學堂外另設警察講習所於守備舊署飭道屬州縣各選送品行端正鄉望素孚之士紳數人到所研究警察法政仍分簡易完全兩科畢業後派令各回原籍將團練改辦巡警諸要務稟承地方官實力改良并盡舉所講習者赴鄉演說教練期於維持秩序保護治安宣統元年附設初等實業學堂於其中先從蠶桑專科入手以官桑園二區爲試驗場仍

飭平蒲解絳四屬州縣保送合格學生到堂肄業徐
圖擴充

附社學

河東四義學經年既久敷衍者多一自改設學堂允
當以豢養爲先河東道吳匡歸併原有義學爲東西
兩路初等小學堂河東道陳際唐添設中路小學堂
分延國文科學教員俾有普通知識爲升入高等小
學之豫備統歸高等小學堂辦事員稽察管理常年
經費一千三百餘兩由道庫籌支

科目　查增志科分編至光緒八年壬午爲止茲接續編列

進士

自壬辰至戊戌三人補遺一人詳人物一人

葛文模　光緒壬辰科法部主事

劉宜篤　光緒乙未科江蘇知縣

楊克烈　光緒戊戌科詳人物

補遺　董應魁　嘉慶庚辰科湖北隨州知州

武進士

補遺一人

柴建業　乾隆庚辰科詳人物

舉人 已登進士者不書名

自乙酉至癸卯一十七人補遺一人內詳人物一人

癸卯以後科舉停止

王蔚林 光緒乙酉科

李繼翺 光緒戊子科

武培元 光緒戊子科河南知縣

武紹元 光緒戊子科陝西知縣

葛爾壽 光緒辛卯科甯武縣教諭

郭基 光緒癸巳科

張思卿 光緒甲午科長蘆鹽大使

仝艮弼 光緒丁酉科陝西通判

劉傳經 光緒壬寅併科廣東鹽大使

王克寬 光緒壬寅併科

姚仰煦 光緒壬寅併科禮部主事

趙維垣 光緒壬寅併科

柴晉芳光緒壬寅併科長蘆鹽大使　柴豫芳光緒壬寅併科

喬滋樾光緒癸卯長蘆鹽大使恩科　荆致中光緒癸卯恩科

樊振秀光緒癸卯長蘆鹽大使恩科

補遺惠從邠乾隆壬申侯選知縣恩科

貢生已登科者不重錄

自壬午至戊申二十三人補遺二人內詳人物一人

衛　源光緒壬午恩貢　閻庚辛光緒壬午歲貢

王興賢光緒壬午歲貢　張榮甲光緒乙酉副貢

荆藻江光緒乙酉拔貢　王殿棟光緒丙戌歲貢

李西園　光緒戊子歲貢　　高明泰　光緒庚寅恩貢

呂春生　光緒庚寅歲貢陝西府經歷　　李如柏　光緒辛卯恩貢蒲縣教諭

王　澤　光緒壬辰歲貢　　吳念祖　光緒甲午歲貢汾陽縣訓導

岳貫三　光緒丙申歲貢　　陳善謨　光緒丁酉拔貢江蘇州同

郭應龕　光緒庚子恩貢候選州判　　景桂得　光緒庚子歲貢

王甲生　光緒壬寅副貢河南直隸州州判　　喬聯沅　光緒癸卯恩科副貢四川知縣

張士秀　光緒癸卯恩科副貢　　楊鍾彥　光緒癸卯恩科副貢

景天章　光緒甲辰歲貢　　劉子蔭　光緒丙午優貢內閣中書

薛鍾嶽　光緒戊申歲貢　　賈普慶　光緒庚辰歲貢

補遺　柴作霖　光緒乙亥恩科副貢

附例貢二十九人補遺一人

曲舞韶　廩貢　　姚炳　廩貢候選主事

王芳士　廩貢　　耿映星　廩貢

楊克敬　廩貢同知職銜　　朱文燦　廩貢同知職銜

薛楷　增貢河南巡檢　　朱城　附貢

朱均　附貢陝西盩厔縣縣丞　　王天健　附貢

郭楨　附貢　　姚堃　附貢候選主事

李均　附貢　　曹步青　附貢

毛達鴻 附貢　　賈聯第 附貢

岳應躬 附貢　　俞忠楷 附貢候選巡檢

周新甲 附貢　　陶運隆 附貢

郭煥離 附貢陝西藍田縣典史　　梁德溥 附貢陝西渭南縣縣丞

劉振都 附貢　　楊春芝 附貢陝西典史

康汝麟 附貢陝西縣丞　　解泰交 附貢

郭鍾禮 附貢本省縣丞　　楊樹德 附貢

馬名儒 附貢候選訓導

補遺 惠及輔 康熙年間歲貢候選訓導

按增志紀科目以起自運學爲斷茲依增志體例採取運學案卷以次而書其有增志所遺而運學確有舊册可稽者概行補誌期無闕略爲都人士光

人物

賈元杰 字偉如安邑運城人咸豐戊午 恩貢性肫摯篤於孝弟父歿兄病癱授徒營生奉母養兄數十年無稍怠著有毛詩正字二卷歿後選授沁水縣教諭

胡肇魁 咸豐己未 恩科舉人學淹博以孝友聞於時家居授徒卓然可爲師法

郭文熣 字紫垣安邑人同治丁卯孝廉方正治家有法七世同居子姪數十人化其德皆雝雝性尤慷慨邑東通惠橋城內節孝祠皆所倡修既卒邑人爲立懿行碑

周如愚安邑人事繼母以孝聞母足病廢動則躬負如是有年兄弟十八人皓首同居男女一百五十餘口化其德皆怡怡同治九年運學奉文補舉元年孝廉方正士林公舉以應

郭煥烈同治癸酉舉人父椿壽爲廉州太守家素豐煥烈自奉一如寒士力敦儉約爲鄉里先性和平接後進必諄諄以孝友相策勵卒妾李氏殉

賈普慶榮河人商學歲貢生孝於親友於兄弟讀書不慕榮利授徒不計束脩門人多登仕版仍澹泊自甘卒後士林發其潛德立教思碑

楊廷蓁光緒丙子舉人性聰敏博涉羣書爲文卓犖有魄力自其爲諸生時運安兩學士子皆自謂不及也爲人正直不阿流俗人亦欽之

王撫辰商學增生居恆好善行之無倦運垣當同治時市有死人衙役尋隙需索困而破產者眾

惻然憫之倡議稟官創同善公局施棺掩埋自是市井晏然邑人感之石紀功德

郭迎暹字進光世居運城商學廪生因貧棄舉子業而就鹽館家漸豐裕性好施與周族戚不遺餘力有從兄弟夫婦早逝撫其孤若已予及成立給田百畝俾資生計姪孫運鹽負累慨助之金外弟卒婦少子幼極力周恤均賴成全友有客死甘肅貧難歸葬輸以貲令其子扶櫬回此皆嘖嘖人口者其他懿行多類是

趙天乙字秀東商學增生父長庚授徒爲業嚴而有法秀東少嫻庭訓長繼父業善於誘掖多所成就性質直未嘗面諛人朋友有過輒規能改即止人皆諒其誠樂其恕光緒丁丑大饑欽差閻敬銘引以襄辦賑務公平勤慎平生嚴辦義利非其分一毫不苟

楊焜字耀堂號省吾商學廪貢生性純樸以孝弟聞於鄉繼母病親侍湯藥衣不解帶者百餘

日其寡姊有兒六齡病危焜憂之一夜髮爲全白寡
妹攜兩子依之居迨甥成人爲置產業而後析之居
恆好學孜孜著有農事
瑣言風水論周易解說

惠迪吉 字棐臣安邑人光緒己卯舉人事繼母以孝
聞兄卒事孀嫂撫猶子曲盡恩禮鄉人稱之
主講垣曲書院獎勵士子文風丕變佐前邑令趙輔
堂釐剔積弊邑人被澤者夥思其德紀之石平居好
讀朱子綱目寢饋
不釋有宋儒風

楊克烈 字承伯安邑人光緒戊子舉人戊戌進士榜
下籤發河南知縣值變法之初奉委創辦客
籍師範學堂兼主講席克盡厥職嗣辦銅
元局鉤稽出入弊絕風清大吏深嘉之

補遺

柴建業 安邑人乾隆丙子武舉人庚辰進士
將身長九尺弓挽六鈞喜讀春秋孫
征逆苗戰績卓著
高宗純皇帝南巡條對稱

旨蒙
賜大緞貂裘樂善堂書畫

《山西文華》編纂委員會 編

山西文華·史料編

續增河東鹽法備覽

第二册

卷中至卷下

清 陳際唐等◎修 清 姚楷等◎纂

山西出版傳媒集團
三晋出版社

山西文華

續增河東鹽法備覽分目卷中

奏疏

文廟工程部議

蘆花各鹽越境行銷按斤加釐院咨　寶棻

河南鐵路加價疏　林紹年

度支部奏酌加鹽價抵補藥稅疏

山東增加鹽價他省不得援以爲例疏

洛潼鐵路加價每斤三文部咨　王履康

吉鹽水運磧口有礙潞綱未便准行院批　寶棻

續增河東鹽法備覽　卷中　三

潞鹽試銷太汾疏

光緒九年 巡撫兼鹽政 張之洞

再河東鹽務積累滯引太多課虧餉絀催西餉則支移火急責奏銷則部限森嚴推究本省潞引不銷之故則由於蒙鹽違例水運侵灌潞綱延及平陽潞澤等府霍隰等州不復知有違禁越界之事經臣申明定例嚴飭沿河官吏咨會陝甘兩省曉諭商販令其照例水運至皇甫川爲止查定例蒙鹽陸運至晉者止准由殺虎口入邊今查殺虎一路程途稍覺紆回運銷蒙鹽既有益於商販亦有裨於外藩因擬酌量

從寬如有陸運入晉者除殺虎口外准其由皇甫川
對岸之河曲縣渡河登岸陸運至向銷蒙鹽之口內
外三十四廳州縣地面行銷其向行土鹽引之陽曲
等三十州縣亦准照舊兼銷不准任意再由皇甫川
下駛惟太汾兩府為晉省南北適中之地又為蒙潞
各鹽接界之區該兩府本係例定土鹽引地因土鹽
味劣產少民食每多不敷嘉慶十七年部議責令潞
商承辦吉鹽六十四廳州縣引岸而潞商不願兼辦
是以當時權宜辦法聽其兼食蒙鹽體察今日情形

若僅聽蒙鹽兼銷而不兼銷潞引必不能杜蒙私南
路之侵灌而護潞岸切近之藩籬且查吉蘭泰引課
六萬三千五百餘兩先係潞商代完以後改歸全綱
攤認是吉池銷無課之鹽潞綱賠無鹽之課事理不
平莫此爲甚況克斥潞岸之蒙鹽多倫諾爾蘇尼特
烏珠穆沁浩齊特花馬池各處所產皆有更非獨舊
引有名之吉蘭泰一種而已也因飭河東道酌提潞
綱積引配鹽轉運分赴汾州府屬之汾陽平遙介休
孝義太原府屬之陽曲太原徐溝文水楡次太谷祁

縣等十一縣試辦行銷以輔土鹽蒙鹽之不足價值
務令減於蒙鹽至土鹽仍聽民淋曬蒙鹽仍聽民運
售民間願食何鹽悉聽其便不准絲毫抑勒據護理
河東道黃照臨體察籌議稟請試辦前來除飭委本
任河東道高崇基督辦省城總運局該護道督辦河
東發運局會同籌辦外理合附片具陳十二月初一
日奉
旨戶部知道欽此

鄂爾多斯旗花馬池鹽准運至皇甫川爲止仍不准水運磧口院咨　光緒九年　巡撫兼鹽政　張之洞

案准陝甘督部堂譚咨開據陝西延榆綏道張岳年稟稱案據神府鹽釐分局委員王丞南薰夾單稟稱現接通秦寨書士王文銘探得晉屬之磧口堡鹽捕廳出示嚴禁不准蒙鹽渡河鈔錄告示二紙稟報前來卑職細閱情形係奉晉撫院檄飭之件商販等自不敢抗違致蹈其咎惟查卑局所過之鹽專銷晉省而磧口爲多忽奉嚴禁自不敢壅於上聞等情據此

職道遵查運鹽銷售各有引地自不容攙越侵占致妨引課此定制也陝甘邊界各旗蒙鹽多由花定馱載例准銷至陝西鳳邠所屬爲止鳳邠以南則與行銷潞鹽引境接壤前奉行知已由晉撫飭在宜洛長武關隘分作三路實力巡緝堵截並令分飭花馬池鹽屬官吏嚴諭花鹽運販照例運至鳳邠所屬界內售賣不得任意闌入潞鹽引地侵占正課如違照律懲辦等因遵奉轉行照辦在案茲據王丞探得晉屬磧口鹽捕廳接奉山西撫憲飭禁明文兩次出示不

准蒙鹽渡河自爲恐侵占潞鹽引地照章辦理惟該
磧口通判告示內稱查花鹽暨附近各旗蒙鹽係於
嘉慶十七年欽奉
諭旨向准窮民馱載肩挑背負由殺虎口陸路運至食土鹽
地方行銷等語是此等零星馱載負販蒙鹽原不在
禁令之列該通判初次告示尾稱因附近各村居民
熬食土鹽恐有缺乏責令鄉地商賈會議轉詳撫憲
酌留渡河鹽數似於民食關心深明大義迨閱該通
判二次告示復有不准蒙鹽顆粒渡河之語似又未

能因地制宜自相矛盾現在事同創始該商販等祇知漁利罔顧例禁或有阻撓違抗亦未可定若概繩以法律操之過蹙難免激成事端除飭行神府二縣會同分局王丞移關磧口周通判查明從前奏定章程合籌妥議曉以利弊務使該處商販力挽積習各守各界毋再潛越偷販有干罪戾仍由該印委等詳細籌議章程送道至日再由職道察核議稟外所有接據探查磧口禁阻水運私販竟有不准裝鹽顆粒赴晉行銷之示緣由理合將鈔來示稿兩道飭承照

錄一分恭呈電鑒可否移咨山西撫院飭令磧口通判遵章妥辦仍將馱載肩挑零星負販蒙鹽照舊由陸行銷但不准違例水運私售以期陝晉商民相安無事之處敬候核示遵行等情到本督部堂據此除批示候咨山西撫院查覆仰即知照外相應咨會請煩飭議見覆施行等因准此查河東鹺務積疲年甚一年引滯課懸西餉竭蹶奏銷緊迫部議森嚴自蒙鹽內灌而全綱始壞自磧口弛禁而來鹽益多其初不過蔓延汾介一帶繼乃漸灌漸南到處暢銷直達

澤潞至今日而官課日絀逋積日多不得不於橫流潰決之秋爲亡羊補牢之計除據河東道議稟將積年陳引先於太汾兩府試銷外當經嚴飭署理磧口通判周桂敷總查沿河各口重申功令專緝永甯州磧口臨縣馬家塔子等處水運對渡棠私另於河曲縣暨薩拉齊廳之包頭鎮設立專卡抽收釐金又於保德州之天橋村興縣之羅峪口派員前往專管查緝水運對渡棠私拏獲照例懲辦均經先後飭辦各在案因查棠鹽之來晉銷售者一爲阿拉善旗之吉

蘭泰池鹽一爲鄂爾多斯旗之花馬池鹽湖自嘉慶
十七年
欽差侍郎阮元等奏定吉鹽章程一案吉蘭泰引額八萬
七千五百道歲徵課銀六萬三千五百八十餘兩自
嘉慶十八年始議由河東商人認辦其吉鹽引地六
十四廳州縣概歸潞商一體行鹽並照長蘆之例定
爲餘引吉蘭泰鹽池聽該處民人自行撈運有興販
入口者照鄂爾多斯蘇尼特鹽之例由山西巡撫照
章收稅止准車載騾馱由陸路運販不准水運所有

水販只准至皇甫川為止等因又前撫部院成奏蒙
鹽進口分別限制稱晉省西北邊境與鄂爾多旗地
接壤今吉鹽既經招商認課如仍聽鄂鹽照常販賣
必致充斥引地有妨官課自應量加限制嗣後於口
外之歸化城等廳應准仍食蒙鹽其口內之大朔甯
三府保德一州沿邊沿河各屬請照江浙等省老少
鹽例准令肩挑背負零星售賣不得逾四十斤之數
如有駝運車載以及水運多斤到地者卽以私鹽論
罪又前撫院衡奏河東引地僻在省南所食蒙鹽土

鹽之六十四廳州縣遠居省北路遠運藉成本太貴
所有每年加增餘引請在現行潞岸分銷至蒙鹽入
口均由殺虎口收稅除移咨殺虎口監督轉飭各稅
口一律遵辦並飭沿河各州縣營汎嚴密稽查毋許
水運偷漏俾免充斥先後經部覈議覆奏奉
旨依議欽此各等因在案是前奏之車載騾馱准由陸運者
係指入殺虎口一帶之吉鹽而言後奏之如有水運
車載仍以私鹽論罪者係指入殺虎口一帶之鄂鹽
而言在吉鹽之陸運者例准進口鄂鹽之陸運者例

且不准進口更何論繞至磧口並暗灌磧口以下潞
引各岸乎今則潞商久認無鹽之課蒙人徧銷無課
之鹽平心而論曲直顯然陝局所謂該處鹽斤行銷
晉省而磧口爲多等語是以積年侵軼之故習爲一
成不變之艮規其於潞蒙界畫口岸公私與夫當年
奏案源流固未暇深考也延榆綏張道僅憑該局臆
斷之詞據情稟達似亦因未能深悉例案所致竊意
蒙鹽行銷晉省已閱多年不必强分其爲何路之鹽
而不可不定其所運銷之路既例准吉鹽水運至皇

甫川爲止嗣後應勿論鄂鹽吉鹽凡有水運者一概照例以運至皇甫川爲斷該處與晋省之河曲縣對岸其願從該處過河徑由河曲運赴口外七廳地面行銷者聽即運至口内之太汾大朔甯忻代保平遼沁等府州隰州併屬大甯永和等縣與土潞等鹽一體行銷者亦聽雖鄂鹽進口照例僅止肩挑背負而現在通融辦理不但零販准其進口並大宗車駝亦准進口且准其徧行口内名銷吉引課歸潞商之六十四廳州縣至磧口通判於咸豐五年奏明改駐原

為緝私而設現亦不過重申定例即此次禁勒係禁
蒙鹽之運積暗灌非禁蒙鹽之來晉分銷凡所籌辦
正是原本從前奏案因時推廣寬恤商蒙並非創設
厲禁抽釐亦歷年辦理有案之事第扼要以杜其繞
越非曲防以遏其來源況河東以有課之鹽行銷陝
岸尚收釐金彼此情事相同尤非於蒙鹽稍有歧視
也且詳繹例意不言吉鹽准至東岸晉境之河曲縣
而言准至西岸陝境之皇甫川自係許其入秦禁其
入晉然則對渡河曲已非舊案所有惟念水運蒙私

灌晉有年漢蒙民販多沾此利吉鄂同屬外藩似亦無甚區別故特量予從寬准由皇甫川對渡河曲轉銷晉境車馱捆載一聽所爲吉蘭花馬不復深問是已於托城河口以下新讓數百里之水運俾省陸販繞行殺虎十餘程之紆迴略示以橫溢之限仍開以行銷之途不得謂非法外行權至寬極厚但尚須咨明戶部辦理若邀議准方敢執爲定案惟查鄂鹽自神木葭州一帶運赴磧口者現據委員稟報每年爲數甚多若非陝省曉諭民販禁斷皇甫川以下水運

令其由河曲縣登岸不准再自河曲以下各口對渡則行至東岸必致被緝被罰愚民不諳科條賠折受累亦殊可憫尤望陝甘督部堂通籌課餉光照鄰疆剴諭商民免蹈法網則晉陝同深感幸除咨陝西撫部院飭屬照例諭禁外相應咨覆查照

陝岸鹽釐由晉包納疏

光緒十年巡撫兼鹽政張之洞

再潞鹽運陝係屬行銷引地既經完納鹽課本已不應再納釐金第以陝省防軍未撤需餉甚殷前項釐金抽收已久一時勢難遽裁但晉省商販運鹽到陝在總卡完釐以後分路零運各岸不能將釐票分裂致他卡復行抽收重疊完納不無苦累是以潞鹽日形疲滯前於同治十三年間議於河東包納釐金旋因經費難籌而止查豫省於軍興之際亦曾於會興鎮議抽鹽釐咸豐八年經前撫臣

奏准於靈寶加引項下按年提銀二萬兩解豫抵充釐金軍務告竣旋卽停止是晉省包完鄰岸釐金久有成規陝省事同一律自宜仿照辦理惟豫鹽額引二千二百九十九名零陝鹽一千三百三十一名零如照豫引鹽釐成案每名完釐銀八兩六錢九分五釐陝岸額引少於豫鹽幾及一半釐數亦應隨減恐不足以濟陝省軍餉之用今擬將運陝鹽斤責成商販於納課時每名完釐十二兩呈交道庫另款存儲按季解陝應用以後亦斷不停止傳諭各商販無不懽

忻樂從呈由河東道核議具詳前來臣查陝岸釐章本係每名徵銀十二兩此次援案議包係令仍照陝章並不限以豫釐之數兼令常川籌濟亦不限以停止之年而且隨課封交按名起解於彼於此較若畫一在陝餉並無出入而於潞商藉免留難可期以後鹽引暢銷晉課陝釐兩有起色除批飭照辦並咨明陝省外理合具陳四月二十一日奉

旨戶部知道欽此

遵提河東鹽務公費以濟餉需疏

光緒十年 廵撫兼鹽政 奎斌

竊准戶部咨光緒十年八月二十七日奉
上諭各省鹽務關稅等項向有提存豫備公用之款著各
督撫酌度情形奏明辦理等因欽此欽遵咨行到臣正
在核辦間復准部咨議覆郎中豐紳泰條奏催令將
緝私經費移作軍需一案限於文到兩月內奏覆各
等因先後咨照前來臣查河東引地迫隘課額無多
規費因之亦較他省為減從前商運極盛之時一切

用項仰給廳攤咸豐年間免商以後廳攤一項
奏明裁禁辦公所需費無所出因議加鹽價每斤五毫
隨課徵收每名銀一十五兩計正加引五千二百九
十八名歲徵銀七萬九千四百七十九兩零名曰辦
公經費專供有關鹽務各衙門公務之用而蒲灘津
貼代賦及鹽務息款免商後繳回息本用款懸待
發者亦均一一取給於此此外本省藩臬兩司各道
無關鹽務各衙門原定均無支款近年鹺綱疲滯此
項經費徵不足額升任撫臣張之洞因議將鹽政衙

門歲支銀八千兩核減三成其餘應支各款亦概照
現銷分數一律減成支領各在案兹以海上多故軍
需緊急上繫
宸廑臣受
國厚恩分應自効所有此項減成歲支銀五千六百兩
應即全數提出
奏明報解河東道歲支之項亦照此數據該護道丁體
常稟請亦擬全數歸公惟該道總司綱務用項極繁
自前撫臣將該道所屬各州縣規費概行裁除實支

養廉銀三千兩外別無進項若再將此項津貼亦議全提辦公實虞竭蹶至此外陝豫二省及本省文武衙門凡係關涉鹽務運銷緝私事理者均分此項津貼銀兩或爲數無多或實有緝私用款礙難一律歸公臣體察情形擬將河東道現支銀五千六百兩內每年提出銀二千兩並將缺分較優之解州安邑永濟三州縣減成歲支共銀二千二十一兩一併全提又河南河陝汝道耆紳以河東引懸銷滯力爲禁緝私販並將歲支減成銀八百四十兩再三辭免自應

准如所請以遂其急公之忱以上六宗共計銀一萬
四百六十一兩均請解部充餉飭由河東道具詳請
奏前來臣查此項支款爲數雖微然際兹餉項極艱正
宜涓滴歸公擬即自十一年春季爲始照數提出聽
候部撥嗣後如有可以節省裁併者再行隨時
奏明辦理十二月十七日奉
旨戶部知道欽此

潞鹽捐輸備充海防經費疏光緒十一年巡撫兼鹽政奎斌

竊臣准戶部咨光緒十年十二月初八日會議籌餉一摺淸單内開領票行鹽酌令捐輸查淮南五百引爲一票淮北每百引爲一號茲酌定淮南每引捐銀四錢淮北每引捐銀二錢其餘有鹽務各省應令各督撫體察情形能否一律仿照辦理迅卽妥議具奏

奉

旨依議欽此等因咨行到臣當卽欽遵轉行河東道籌議去後伏查河東鹽務自咸豐四年免商以後豫陝民

販或合夥湊貲或出息稱貸已非如從前運商之殷實迨丁戊歲祲潞鹽引地同時被災戶口凋零銷數驟減民販中虧本輟業者十居八九前撫臣曾國荃目擊情形思有以保護全綱於是自己卯綱起凡一切鹽引加費及先後續增羨餘等項悉經奏准裁免在案惟是池鹽向資澆曬澆曬全賴人工比歲工作價增數倍銷路疲滯售價轉不如前坐商既困而該民販等節節陸運動輒千百餘里費大本重計每名課項鹽價並運腳店用火雜辛工需銀三四百兩或

五六百兩不等核以目前時值餘利無多勢不能與本輕利厚之兩淮票商等量齊觀況現在陝省鹽釐經前撫臣張之洞奏明由晉包納運販隨課封交上年臣於裁節常年用款案內又提緝私經費銀二萬兩存儲候撥亦皆出自商捐夫以捐項之繁重如此運販之艱窘如彼若再責令捐輸未免竭澤而漁全局慮有不支之勢然值此海疆多故敵愾同深商力雖疲要當激其天良量爲敦勸節經督飭河東道多方曉諭該民販等始則以潞綱銷數疲滯堅求寬免

繼乃迫於大義僉議每年除酌提緝私經費外或再
捐銀二三萬兩尚可勉强籌湊多則力實難勝臣察
核情詞尚非虛飾自應衡量商力酌令輸將俾籌餉
無礙鹺綱庶爲兩全之道惟查該民販等現議捐數
合之上年奏提緝私經費一項歲可捐銀四五萬兩
臣愚以爲同一捐輸與其分作兩款徵收何若併歸
一款較爲簡易該民販等旣願加捐應將緝私經費
豁免卽於封納正雜課項之外每名捐銀一十兩名
爲海防經費隨課上庫專備餉需以全綱核計每綱

可徵銀五萬三千兩即使銷引未能足額每年總可得銀四萬餘兩此項擬附入奏銷册內分別造報所有從前緝私經費名目悉予裁除如蒙
俞允應請自奉准之日爲始無論正銷帶銷一律按名徵收儘數報撥以前運銷者概免補繳其原奏備提之緝私經費銀二萬兩應請截至起徵海防經費之日止嗣後免其交納據河東道丁體常詳請具奏前來所有遵辦潞鹽捐輸備充海防經費緣由理合繕摺具陳五月十九日奉

旨著照所請戶部知道欽此

勸辦河東鹽商捐輸次第委解疏

光緒十七年
巡撫兼鹽政　劉瑞祺

竊臣承准軍機大臣字寄光緒十七年四月二十五

日奉

上諭戶部奏庫款支絀虧短甚鉅酌擬籌餉辦法開單呈

覽一摺朕詳加披閱所擬各條於籌補庫儲尚屬切實

著依議行戶部原摺並單內應由外辦四條均著鈔給

閱看將此各諭令知之等因欽此欽遵鈔錄原奏清單

寄信前來臣查清單內開南北洋停購外洋槍礮等

項一條歷查晉省向來採辦無多練軍操演所用銅帽歲僅需銀二千餘兩均係購自天津以後如須添置應再核實撙節隨時奏咨立案各省馬步勇營應令裁減一條溯自光緒十二年辦理練軍均就綠營額兵挑練從前馬步勇營早經遣散無存自可均無庸議至各省土藥釐稅應令統解部庫一條臣前遵議整頓土藥釐稅已經具

奏現准部覆飭遵在案收有成數應即報部委解惟各省鹽商應令捐輸請獎一條查河東鹺務自咸豐三

年停商以後除有畦地之戸餘悉分剔本省陜豫官民並運各按引地行銷零星販賣並無大宗巨商比之兩淮長蘆各處情形迥不相同遵即行令河東鹽法道迅速勸辦稟覆去後茲據該道邁拉遜詳稱奉文督同監掣同知三場大使傳集坐運各商開誠布公反復勸導該商人等尚屬深明大義現雖本昂銷滯賠累滋多均以仰蒙

諭旨飭交捐辦之件不敢以運販拮据稍存諉卸閤綱商人設法集腋擬公捐銀十二萬兩勉效輸將藉伸報

稱惟以澆曬正在喫緊應請先定捐數再行陸續措
交聽候彙解等情禀經該道詳請具
奏前來臣查潞鹽銷數自經丁戊大祲迄今總未復元
各商工本因之愈重綜計歷綱即銷至九成以上亦
僅稍堪敷衍加以豫省鄭工及蘇皖江浙順直等省
賑需接續籌捐商力尤形匱乏現因部庫支絀責令
普捐該道體察商情竭誠敦勸該商人等能於實在
竭蹶之時踊躍報捐集茲巨款洵屬顧全大局義切
急公且較歷屆捐項爲數亦復加多當經批飭該道

准如所稟定捐銀十二萬兩並飭趕緊催交陸續兌
收定限本年封篆以前先解一半銀六萬兩餘俟明
春掃數清解所捐銀兩按照新海防章程核給獎敘
即由該道隨時塡給實收分次造具捐生履歷清册
詳由臣核明咨部頒發執照以昭激勸十月初五日
奏
硃批戶部知道欽此

河東鹽務礙難加價另籌商捐銀兩部議光緒二十一年

戶部議覆據山西巡撫張煦奏河東鹽務礙難加價另籌商捐銀兩以佐軍需附片一件光緒二十年十二月二十六日奉

硃批戶部議奏欽此欽遵鈔交到部據原片內稱前准戶部咨議覆編修張百熙籌餉各條一摺內開鹽斤加價一條飭令有鹽務各省每斤加制錢二文以佐軍需軍務一平卽行停止等因當經轉行遵辦去後茲據署河東鹽法道閻迺玨詳轉據陝豫民販本省運

夥稟稱近年潞綱疲滯引積課懸固由大祲之後元
氣未復行銷短絀亦因成本過重官不敵私近年以
來裁汰浮費減價便民銷數賴以稍暢今若遽議加
價誠恐價貴私侵官銷日滯溯查光緒十一年戸部
飭議籌餉當因鹽斤加價窒礙難行稟請每鹽一名
加海防經費銀十兩係由各商販竭力輸將並未加
之於鹽價現值海疆有事籌兵籌餉尤當裕課爲先
加價既窒礙難行海防則新加有款歷年辦運實已
勉力支持但倭氛不靖沿海戒嚴商等渥荷

皇恩卽竭盡脂膏亦屬義所當爲現在公同商酌情願公
捐銀一十萬兩以佐軍需免其按斤加價庶不至價
貴私侵官銷日滯等情詳請具奏臣查河東鹽務與
川淮等處迥不相同是以光緒十一年川淮粤鹽均
經加價而河東則商人自請加徵海防經費並未將
鹽價加之於民誠以潞鹽成本較重鹽價較貴敵私
必須減價加價必致滯銷部臣所謂官價愈昂私販
愈多額引愈滯勢不至於病商病民而因以病課不
止潞綱弊病正在乎此况新加鹽斤海防經費一項

自光緒十一年起按引徵收至今未停今再另議加收取之於民則有礙行銷取之於商則有礙營運該商等情願公捐銀一十萬兩免其按斤加價自係爲保護引課兼顧要需起見尙係實在情形仰懇

天恩俯准該商人等另籌捐款以佐軍需免其加價應請自光緒二十一年正月爲始按名攤捐儘數報撥仍以一年爲限捐足銀十萬兩之數卽行停止等語臣等伏查上年七月臣部議編修張百熙條奏籌餉摺內聲稱擬通行有鹽務省分每斤加制錢二文以作

軍需至按斤加價或令各商先行墊繳或陸續帶繳
統由該督撫體察情形報部核辦等語通行遵照在
案茲據山西巡撫張煦奏稱潞鹽成本較重鹽價較
貴光緒十一年新加海防經費一項至今未停今再
另議加收取之於民則有礙行銷取之於商則有礙
營運該商等情願公捐銀十萬兩免其加價等語臣
等查河東引鹽自丁戊大祲以後引積銷疲已非一
日現據該撫瀝陳潞鹽情形請免加價並由該商等
公捐銀十萬兩以佐軍需自係爲保護課運兼顧要

需起見臣等擬請准如該撫所奏免其加價以示體

恤至所稱商捐銀兩自光緒二十一年正月爲始按

名攤捐仍以一年爲限捐足十萬兩之數卽行停止

一節亦擬准如所奏辦理一俟收有成數卽行專案

報部撥用其每名攤銀若干亟令查明聲覆正月二

十一日奉

旨依議欽此

豫省餉源枯竭酌收鹽斤加價部議光緒二十一年

戸部議覆據河南巡撫劉樹堂奏海上軍務未平豫省餉源枯竭酌收鹽斤加價暫資接濟一摺光緒二十一年二月初九日奉

硃批戸部議奏欽此欽遵由軍機處鈔交到部據原奏內稱豫省餉用浩繁司庫常年出入總不敷銀二三十萬兩近自倭氛不靖徵調添募頓增二十餘營每月餉需已至十餘萬兩軍務一日未平軍需一日難減餉源枯竭無力措持豫省正雜錢糧收數有常勸捐

既成弩末釐稅難期大旺惟查豫省行銷長蘆兩淮河東山東四省鹽斤若於每斤一律徵收加價制錢二文以近年所銷引數約計可得制錢近二十萬串稍資挹注於民間亦無大累一俟軍務平定卽行停止至徵收之法大要商運官運有數可稽者則於扼要之區設局委員稽查鹽數行知行銷州縣按包抽收於銷鹽後呈繳按季批解其民販之鹽運入豫境隨處銷售散漫無稽惟有於水陸要隘設局抽收嚴禁苛擾隱漏儻蒙

俞允即督飭司道詳議章程分咨查照並出示曉諭商民
一面遴委妥員分設開辦所收錢文專款報部歸入
善後支應報銷應需委員薪水一切局用即在加價
項下開支不得過一成之數等語臣部查上年七月
翰林院編修張百熙片奏籌餉摺內加收鹽釐一條
經臣部議令有鹽務各省每斤加制錢二文奏准通
行在案旋據各省先後奏覆有照部議加收者有以
窒礙運銷爲言另籌商捐懇免加價者嗣因四川總
督奏請在於產鹽省分徵收加價復經臣部查照兩

湖成案令由行銷省分加收奏准行知亦在案誠以
此項鹽斤加價既加收於行銷省分若再於產鹽省
分加收未免重複茲據河南巡撫奏請以豫省行銷
長蘆兩淮河東山東鹽斤按斤由豫省一律加價查
長蘆河東山東三省既未於產鹽處所加收今議於
行銷豫岸加收核與各省辦法相同應行照准惟兩
淮運豫鹽斤是否已在本省加收未據報部應俟
命下之日由河南巡撫咨行兩淮運司凡配豫行銷淮鹽
按斤由豫省一律加收兩淮不得預行加價以免重

徵而歸畫一并令該撫飭司妥議章程送部仍一面
出示曉諭以期商民周知至阨要設局派員稽查一
節查豫省行鹽無論官運商運按引計斤收價自有
各該省商埠及行銷州縣可稽毋庸另糜局費雖販
私夾帶在所必防惟在嚴飭所屬認眞緝巡亦可少
除積弊該撫請設局稽查之處礙難准行二月二十
三日奉
旨依議欽此

歷年提存公費銀兩湊解甘餉部議光緒二十一年

戶部議覆軍機處交出山西巡撫張煦奏河東鹽課應撥甘餉不敷請將歷年提存公費銀兩湊解附片一件光緒二十一年正月二十五日奉

硃批戶部知道欽此欽遵鈔交到部查原片內稱據河東道奭良詳稱河東歲撥甘肅新餉銀五十二萬兩係按全綱額引正雜課項儘數指撥嗣以行銷疲滯每年徵收祇及七成應解甘餉歲歲不敷光緒十三年奏准每年除在道庫加徵海防經費項下墊解銀四

萬兩外又在司庫籌墊稍資周轉光緒十九年奉准
部咨海防經費四萬兩指撥內務府作爲常年經費
而司庫按年籌墊之十萬兩光緒十九二十兩年僅
止墊銀四萬兩現在益餉添兵勢難再爲籌墊茲屆
造送光緒二十一年運庫春撥册籍之期册内共存
正雜課項等銀一十五萬五百六十二兩零査光緒
十六年起至二十年五届引課尚未開徵其十五年
引課奏銷又復援案展緩所有雜課項下應行解支
官役俸工等銀九萬六百一十二兩零又有十六十

七兩年請領鹽引紙價銀三千八百一十五兩零均係按年支發在於春撥册存正雜課項内暫借支解需俟奏銷各本綱鹽引方能按年開除而奏銷遞展仍須按年續解又有應行撥解河南藩庫庤裕歸公銀一萬一千五百兩實在運庫淨存正雜各款堪備報撥者衹賸銀四萬四千六百三十四兩零近年鹽引銷數雖經極力整頓比前較暢第通年計算卽使銷至八九成仍不敷銀十萬兩之譜甘餉不容延緩設遇改撥京餉更須應時報解若不預爲綢繆誠恐

臨時貽誤茲查光緒十年奏准報効公費一項每年提銀一萬四百六十一兩截至光緒二十年止應提銀十萬四千六百一十兩現値餉項不敷自應先其所急將此款悉數收入雜課册内藉以抵墊歷年雜課項下借支官役俸工等項之需仍俟本綱奏銷時在於雜課項下開除造報設遇正項不敷仍可添湊撥解似此核實辦理則册存正雜課項得以專顧甘餉不致移正作雜動形支絀且儘收儘解本年甘餉總可依限清完等情請奏前來臣查該道所詳尙屬

實在情形謹附片具陳等語臣等伏查光緒十年十二月署山西巡撫奎斌奏遵提河東鹽務公費摺內聲稱每年提解銀一萬四百六十一兩請自十一年春季爲始聽候部撥等因在案兹據山西巡撫張煦奏稱河東鹽務疲滯引課徵不如額本年應協甘餉不敷請將歷年提存公費銀十萬四千六百一十兩悉數收入雜項册内藉以抵墊歷年雜課項下借支官役俸工等項之需仍俟本綱奏銷時在於雜課項下開除造報册存正雜課項專顧甘餉等語臣等查

河東鹽務提存公費銀兩前於光緒十年因軍需籌款經前撫臣奎斌奏明歸公聽候部撥是前項銀兩即與正款無異矧當辦理軍務餉項支絀正賴有此一項藉資挹注何得率請截留移作雜支第該省鹽務徵不足額尚屬實情而甘肅新餉亦關邊防要款既據該撫陳明不敷情形自應兼籌並顧俾資周轉臣等公同商酌擬請將前項提存公費銀兩分半撥解即以五萬二千三百餘兩准其截留湊撥甘餉業入正項內列收造報不得收入雜項册內抵墊雜支

其餘五萬二千三百餘兩即由該撫迅飭委員解部以濟急需嗣後提存前項銀兩應令按年造入季册候撥不得擅行動用至本年應解甘肅新餉銀五十二萬兩並令依限委解清款毋稍延欠再查河東鹽務自丁丑戊寅大祲以後每屆奏銷歷經該省展限四箇月率四綱而銷三綱之引即四年中僅收三年之課而甘肅新餉及本省雜支等款均須按年撥解入不敷出職此之由雖藩庫按年墊發銀十萬兩究竟此盈則彼絀於該省鹺綱毫無裨益殊非經久之

計相應請
旨飭下該撫督飭鹽道實力整頓務將歷綱積引設法疏
銷嗣後奏銷提前趕辦以期歸復舊額三月初十日
奉
旨依議欽此

坐運各商報効息銀疏　光緒二十二年 巡撫兼鹽政 胡聘之

再據河東鹽法道奭良詳稱前奉部文行令息借商款備充餉項當經遵照勸諭河東坐運各商公借銀一十萬兩如數收齊解部交納發給印票按限歸還本利嗣屆初期限滿即據坐商保和公局並三省運銷商販等稟稱商等前次遵籌息借商款銀十萬兩業發印票按月七釐行息分期歸還現在初限屆期仰業籌款發給利銀當此軍務未平餉需孔亟商等公同商議願將此項息銀作為報効嗣後祇請還本

不敢仰邀發利等情當據情詳經前撫臣批飭仍照
部章辦理隨於海防經費項下撥發銀四千二百兩
飭商具領茲復據稟稱商等食毛踐土値茲軍事方
殷既不能將本銀一併報効充餉所有利銀實不敢
再行具領統計五期應得利銀一萬四千七百兩仍
懇轉詳免發等情由道詳請具
奏前來臣查該商等承辦鹽務原與地方富商不同當
日借銀按照部章一律發給本利印票已足以昭大
信茲該商等深明大義堅請免發利銀情詞懇切出

於至誠自應
奏明准如所請惟該商等報効利銀數逾鉅萬可否請
旨給予急公好義字樣由該商等自行建坊以示獎勵三
月初一日奉
硃批著照所請該部知道欽此

晉陝鹽斤另籌加價部議 光緒二十二年

戶部議覆據山西巡撫胡聘之奏籌辦河東鹽斤加

價一摺光緒二十二年三月初一日奉

硃批戶部議奏欽此欽遵由内閣鈔出到部據原奏内稱

光緒二十一年六月初六日奉

上諭戶部需餉孔殷謹陳辦理情形一摺等因欽此並准

戶部知照到晉當將鹽斤加價一條分別行催河東

鹽法道遵辦去後兹據該道奭良詳請將潞綱行銷

晉陝引鹽均按每名二十四兩隨課攤封等情前來

臣查河東鹽務滯銷實因路遠運艱成本過重在商
人本意均願減價敵私故從前歷辦海防經費各省
賑捐以及上年捐銀十萬兩均由各商販勉力湊繳
而鹽價始終未加此次奉文籌議加價該道議由晉
陝各商販按照每名二十四兩隨課攤封後再行酌
加鹽價不敷之數仍由商販攤賠係爲保護課源起
見除豫省額引一千九百九十九名一百十引鹽實
加引三百名專歸豫省抽收加價毋庸重複另攤外
所有晉省額引一千六百六十六名一百八引陝西

省額引一千三百三十一名一百一引應請自光緒二十二年五月初一日開辦辛卯綱爲始按照每名二十四兩隨課攤封仍准該商販酌加鹽價一文或半文不得再行多加以示限制核計每綱應徵銀七萬一千九百六十九兩零名曰另籌晋陝鹽斤加價專款存儲聽候部撥一俟防軍裁撤即行停止等語臣等伏查現在鹽斤加價如淮南浙江四川等處引岸均係每斤加價二文即潞鹽之行銷河南者亦係每斤加價二文其僅加一文或半文者惟長蘆山東

兩處耳以長蘆有海嘯之災山東有河決之害也潞
鹽所行晉陝兩岸並無他故自應遵照臣部奏案加
價二文今該撫請由晉陝各商按照每名一百二十
引交銀二十四兩核計每斤合錢不過一文有奇雖
較長蘆山東各岸之加價爲多而仍不及淮南浙江
四川各岸加價之數臣部本難議准惟河東鹽務現
尙積壓五綱其爲滯銷已可概見且該撫所擬晉陝
兩省加價每名徵銀二十四兩每斤合錢一文有奇
又係由商包納而各岸賣鹽所加之價僅自半文至

一文而止是多取於商而少取於民擬請准如該撫
所奏卽自本年五月初一日開辦辛卯綱爲始按照
晉陝兩省額引數目每名徵收加價銀二十四兩隨
同正課交納專款存儲報部候撥其有帶銷引張亦
卽一律加收毋許兩歧至晉陝各商運鹽到岸酌加
賣價某岸一文某岸半文應令轉飭酌定確數先行
報部備考三月十七日奉
旨依議欽此

續增河東鹽法備覽　卷中

畦地因雨被淹酌借款項修復疏

光緒二十四年　巡撫兼鹽政　胡聘之

竊據護理河東道趙爾豐轉據坐運各商販稟稱河東鹽務疲滯已久近因迭次辦捐加價成本愈重商力愈疲加以大祲之後地方凋敝銷數迥不如前每年雖封配十成實銷不過六七成爲止該民販等因清綱限迫雖有積鹽不得不趕封新引勉顧大局然頻年推陳出新實已萬分竭蹶乃自本年二月卽遭陰雨連緜春運滯銷迨至夏秋大雨如注兼旬累月

運路沖毁旋修旋廢陝豫兩岸兩水泥淖亦復相同
腳價工資雖加倍招徠仍苦無從僱覔以致癸巳新
綱引鹽目下運銷不及十分之二而壬辰綱已掣未
運之引仍不下二千五百餘名新陳並積一時萬難
周轉該運販等無力賠墊停閉堪虞至坐商專恃鹽
池畦地澆曬配售近因刮收不旺畦產漸荒兼之鹽
價日賤工資日昂獲利已屬無幾本年大雨連旬隄
堰半多傾圮雖經設法堵護外水幸未內侵惟鹽池
形如釜底歷年穿鑿成井下通泉眼謂之滹沱向賴

隨雨隨晴藉資澆曬今則底水上騰深至七八尺及丈餘不等畦地半被淹沒汪洋一片既難施工鹵氣衝淡亦難成鹽該坐商等全年工本一旦盡棄實屬賠累難堪惟有合詞叩懇俯念霪雨為災商情困苦准運販等將壬辰引鹽銷完再行封納癸巳新綱引課並請量免攤派以紓商累所有坐商被淹畦地請驗明酌借工本俾資修復庶免來年無鹽可配其實在不能興修者並懇准其歇業等情經該護道按照所稟詳加察驗實因雨水過大人力難施以致銷路

不通畦產多廢若不設法維持勢必運販裹足不前
坐商流離失業實於潞岸全局大有關係現已督飭
詳細覆勘應否酌借款項量免攤派俟查明再行詳
請核辦惟各運販積鹽過多萬難周轉若如所請俟
陳引銷完再封新引則來年四月斷難清綱誠恐有
遹部限合先據實詳明請
奏咨立案前來臣查河東本年雨水過多運路沖毀新
陳各引積壓難銷鹽池又因底水上湧畦地受淹工
本盡棄遂致坐運各商同遭困苦體察情形似不得

不急籌補救除飭趕緊設法開通運路疏銷積引鹽

查明被淹畦地迅籌修復以恤商艱而維課款外所

有河東坐運各商困苦情形理合恭摺具陳十二月

初八日奉

硃批戶部知道欽此

陝省潞鹽加價部議光緒二十五年

戸部議覆據護理陝西廵撫端方奏陝西省奉撥董軍月餉及認還加增洋款擬請變通辦理等因一摺光緒二十五年十一月十二日奉

硃批戸部議奏欽此欽遵由内閣鈔出到部據原奏内稱准部咨俄法英德借款因佛郎磅價昂貴奏准陝省加撥銀五萬五千兩又籌撥董軍來年月餉奏撥陝省鹽斤加價銀七萬兩督糧道報効節省銀初次四萬兩來年一萬二千兩共計十二萬二千兩伏查鹽

斤加價從前以二文計算約有六七萬金屢與晉省
籌商始允加增一文加數既形短少撥數自無著落
即以督糧道報效節省銀兩全數撥歸董軍所短尚
鉅值此時事多艱無款可籌惟有稍事變通以期兩
無貽誤查陝岸鹽釐每年約有二萬金向由河東代
收交陝鹽斤加價仍照陝省原議每斤二文約得七
萬金之譜擬請將此二項徑由河東解赴董軍作爲
陝省撥解來年月餉不敷之數擬在於加收土藥釐
稅三成項下湊撥由陝補解淸款非不知土藥釐稅

向應專案報部惟當此智盡能索之時不能不爲挹
彼注茲之計至鹽斤加價明知晉省頗費經營然當
時局多艱想夙具公忠者必能不分畛域力顧大局
如謂商人藉口疲困有礙捐款乃自加價之議起陝
省食鹽每斤已漲至三四文不等陝西徒受虛名晉
商已陰獲實利況潞鹽引地惟陝省溢銷數百名素
稱暢旺引課既增票捐自無窒礙騰出督糧道節省
銀兩自本年秋後爲始計銀二萬兩來年通算四萬
兩擬將此項專爲加撥洋款之用下餘不敷仍由藩

庫另行籌足按期批解等語臣等伏查甘肅提督董福祥所部武衛後軍應需來年餉項前經臣部照案指撥甘肅新餉内封存各款不敷之數議撥陝西省鹽斤加價銀七萬兩陝西督糧道節省銀五萬二千兩均係有著的款臣部是以奏准指撥查陝西鹽斤加價一款曾於本年三月據陝西巡撫魏光燾電稱約每年能收銀六七萬之譜嗣後復據該撫咨稱陝岸加價減爲二文查照河南成案明定章程刻期開辦先行試辦一年等語是該省鹽斤加價早經開辦

迄今數月之久何以該護撫奏稱晉省始允加增一
文且陝省食鹽每斤業已漲至三四文不等取之民
間價已加增何至納之公家數轉減少究竟因何懸
殊之處臣部無從遙度自應仍由該護撫妥速會商
山西巡撫專案奏明辦理仍請
旨飭下山西巡撫轉飭河東道查照陝省原議認眞舉辦
毋得偏聽商人一面之詞遽請減收以致陝民所增
鹽價徒飽商橐於助餉仍無實濟至督糧道節省一
款該省原議留作墾荒之用臣部因董軍來年餉項

係屬有閏之年是以將節省之款指撥銀五萬二千兩當經聲明以後無閏之年再作爲該省旗兵屯墾之需均經奏明奉准在案今該護撫以糧道節省銀兩專爲加撥洋款之用董軍月餉不敷之數再於加收土藥稅釐三成項下湊撥查三成土藥稅釐係奏令解部留備要需之款無論何省何項不准截留應用該省不應獨異總之加撥洋款固屬緊要而董軍留防畿輔餉項亦關係匪輕臣等公同商酌所有陝省原撥董軍餉銀十二萬二千兩除由陝岸鹽釐及

鹽斤加價兩款共銀九萬兩無論由陝由晉均應照
數解足外不敷銀兩仍令在於督糧道節省款內湊
撥足數所請動用加收三成土藥稅釐之處臣部礙
難照准其所餘督糧道節省銀兩並以後常年節省
之款一俟無閏之年或留備墾荒或加撥洋款再由
該護撫斟酌緩急自行奏明辦理十二月初六日奉
旨依議欽此

工程官運兩項提充公用疏

光緒二十六年

護理巡撫兼鹽政何樞

竊准部咨光緒二十五年六月初四日欽奉

上諭各省關稅釐金鹽課積弊太深亟宜力籌整頓飭就地方情形責成司道監督及局員等將現在收數無論爲公爲私凡取諸商民者一併和盤託出即由該管將軍督撫詳細鉤稽悉心綜核究竟裁去陋規中飽之數若干酌量提歸公用之數若干專案奏報等因欽此當即嚴飭司道監督暨各局員將出入款項切實查明

和盤託出不准稍有隱匿去後伏查晉省關稅一曰
殺虎口一曰歸化城殺虎口向由
欽派監督專管歸化關於乾隆三十四年改歸巡撫兼管
歷係歸綏道兼充監督額徵常稅正餘銀一萬五千
餘兩光緒二十三年經前撫臣胡聘之奏明添派委
員幫同歸綏道實力稽查嚴杜中飽現已長收銀五
萬數千兩業經奏准作爲機器局經費此晉省關稅
之情形也釐金一項自咸豐九年設局開辦歲徵銀
率皆十二三萬兩嗣經升任撫臣張之洞定章比較

復經升任撫臣剛毅加重土藥釐稅裁革煤鐵陋規
漸徵至二十一二萬兩近年復經前撫臣裁併局卡
嚴核比較上年又派員分往各州縣抽查土藥地畝
不令稍有遺漏現已徵至二十八九萬兩晉省出產
稀少路徑紛歧僻隘小卡歲收有僅止三四百金者
以故各局員固無陋規亦且無可中飽此晉省釐金
之情形也鹽課一項自咸豐三年捐免充商以後每
斤定為徵銀四釐每名三萬斤徵銀一百二十兩除
正雜課銀一百五兩外以十五兩作為辦公經費一

切商攤各項概予删除所有官吏辦公均取資於公
費一款久已積弊全祛毫無巵漏光緒十一年復經
前撫臣奎斌奏明將每年鹽務各官應支公費提出
銀一萬四百餘兩備充餉需辦公且形竭蹶連年銷
不足額綱限遞展徵收各款均屬不敷實無陋規中
飽之處此晉省鹽課之情形也現值時事多艱庫帑
奇絀恭奉
諭旨嚴飭逐項清查自應於無可設法之中勉力裁提以
濟部餉因復督同司道等再四籌商查晉省釐金前

經奏准每年收數如在十八萬兩以上於舊章一成經費之外由正款內提銀一萬兩以備公用應飭各局員悉力裁省無論如何支絀只准動用一成公費所有收數在十八萬兩以上應支之公費銀一萬兩提出候撥河東鹽務向有牆垣渠堰各工程歷係商捐商辦又自光緒十九年創辦督銷嗣改官運曾於應支未發之唐裕歸公暨坐商銷價各項下借領庫本定為春借秋還轆轤周轉近年運銷尚有起色而餘利甚微僅敷兩岸局店之用當由河東道督飭商

夥等於工程官運兩項內逐細鉤稽嚴加裁節每年
約可湊銀二萬兩提充公用各等情先後由藩司籌
餉局河東道詳請具
奏前來臣覆查山西素號瘠區物力微薄稅釐課三項
固非江浙川粵諸省所能比擬即較之燕齊秦豫亦
且遠遜故陋規中飽諸弊向不敢肆行無忌現擬由
釐金項下籌出銀一萬兩鹽課項下籌出銀二萬兩
共銀三萬兩均自光緒二十六年爲始另款存儲聽
候部撥二月初八日奉

硃批戶部知道欽此

續增河東鹽法備覽 卷中 四十六

起徵按引攤捐疏　光緒二十六年　護理巡撫兼鹽政何　樞

竊臣前准部咨帑項奇絀度支不敷奏准籌款六條行令仿照兩淮捐輸票本章程就本地情形酌定辦法勸諭各鹽商按年捐輸一次仍將擬捐銀數若干先行報部不得以他省鹽務與兩淮有異諉謂商人無力交納任意宕延等因當經轉行河東道遵辦去後茲據覆稱坐運各商販公呈以潞綱自捐免充商以後全係小本夥販領引運鹽不特與兩淮之票商不同卽較之各省之岸商亦復迥異且自丁戊大祲

以後二十年來綱引遞壓課項屢增本重利微運艱銷滯上年鹽池被水成災本年各州縣又復被旱商情奇困委係無力捐輸稟經該道又剴切勸導激以大義復據稟稱潞商雖極疲累而頻年每遇籌餉無不竭力輸將光緒十一年部議令照兩淮按引攤捐於是有海防經費之每名十兩二十一年辦理鹽斤加價於是豫省有就地抽收之每斤二文晉陝有隨課攤封之每名二十四兩現在陝省又辦加價業已允定每斤一文合之每名又加銀二十四兩復有陝

岸鹽釐之每名十二兩一引數稅實已困累萬分惟事關奉部飭辦之件又不准以商人無力藉詞延宕自應於無可設法之中勉爲籌措擬援照長蘆辦法無論晉陝豫各岸每引攤捐銀五釐每綱額引六十三萬五千八百三十九道共捐銀三千一百七十九兩零如遇展限之年按銷遞減專款存儲聽候提用等情由道詳請具

奏前來臣查潞引斤數較之蘆引斤數尚不及半而銷路之絀運道之艱商力之困實爲各省所僅見茲仍

按照蘆商攤交銀數勉力認捐已屬異常竭蹶勢難
再令多籌擬請自奉准部文之日起每引加捐五釐
隨課徵收名曰按引攤捐每綱銷完共收銀三千一
百餘兩聽候撥用所有河東鹽商勉力遵照部飭按
引攤捐緣由除咨部查照外理合恭摺具陳二月初
八日奉
硃批戶部知道欽此

行豫潞鹽續議加價減半徵收部議光緒二十七年

戶部議覆據山西巡撫岑春煊疏稱河東行豫鹽斤銷數疲滯擬將續議加價減半徵收以恤商艱而顧正課一摺光緒二十七年三月二十一日奉

硃批戶部議奏欽此欽遵由內閣鈔出到部據原奏內稱准部咨議覆河南撫臣于蔭霖奏請將行豫鹽斤續行加價議以光緒二十七年起就長蘆兩淮河東山東行豫引鹽每斤准其續收加價制錢二文暫行試辦一年等因咨行到晉茲據河東道吳廷斌詳轉據

潞綱商販合詞稟稱行豫潞鹽自咸豐四年以後改爲散販小本零運陸路輓載與兩淮蘆東迥不相同矧豫省私鹽充斥商販所恃全在減價敵私光緒二十一年初次加價官引滯銷今若再議加價必至歇業誤課經該道詳加察核不得已變通其間擬於潞綱行豫鹽斤續加二文之價減爲一文徵收詳請具奏臣查光緒十年及二十一二十六等年按名加銀加價攤捐頻年出資商力竭蹶係屬實在情形即如陝岸行銷之引自二十六年加價以後竟少至一千

七百餘名之多新加之項僅止一萬餘兩而潞綱課
餉已短至十數萬兩此中消息盈虛自應通盤籌算
河東道庫所派京協各餉暨洋款等項均應及時籌
解若再因加價二文之故致虧引課有誤要需似非
慎重鹽政之意再四思維惟有如該道所擬將潞綱
行豫鹽斤續加二文之價減爲一文徵收庶豫餉不
無小補潞商或勉强支持合無仰懇
天恩俯允所請飭部立案以恤商艱而顧正課等情具奏
前來臣等覆查上年十二月據河南巡撫于蔭霖奏

豫省庫款奇絀新餉倍增請將行豫鹽斤續行加價
二文以資接濟當經臣部以該省光緒二十一年已
將蘆潞淮東行豫鹽斤甫經每斤加價二文今復議
續增二文加價究於四處行鹽有無窒礙本難懸擬
惟該撫臣瀝陳豫省餉需繁鉅羅掘俱窮不得不權
宜辦理議令暫行試辦一年俾資周轉等因覆奏行
知在案當時臣部核議河南撫臣所請續增鹽斤二
文加價之奏本以其事於各省行豫引鹽有無窒礙
既未能懸擬情形而該省庫儲奇絀亦不得不另籌

挹注故令暫行試辦一年以期慎重鹽政今山西撫
臣岑春煊以河東行豫鹽斤銷數疲滯道庫所派京
協各餉暨洋款等項均應及時籌解若再加二文恐
致銷滯有誤要需奏請減爲一文徵收以維正課自
係彼此兼顧之意查潞綱應解各款關繫緊要若於
行豫鹽斤續增二文加價不予量減異日正課或虧
官商既有所藉口而餉需亦不免遺誤擬准如所奏
請
旨飭下河南撫臣將潞鹽行豫每斤續增二文加價轉飭

減半徵收俾利行銷而顧引課並令山西撫臣將本年河東道庫協撥應解各款亦即及時報解不得少有延誤四月十三日奉

旨依議欽此

本省引地改爲官民並運部議光緒二十七年

戸部議覆據山西巡撫岑春煊奏整頓河東鹽務擬將本省引地改爲官民並運以挽頽綱一摺光緒二十七年七月二十五日奉

硃批戸部核議具奏欽此欽遵由内閣鈔出到部據原奏内稱河東鹽綱行銷山西陝西河南等屬引岸查核近年引數陝省本有溢銷惟上年短絀頗鉅豫省銷數亦能及七八成獨山西所銷不過六成鹽引之滯以本省爲甚推原其故蓋由陝豫兩省多歸民販領

運鹽可貸賒秤必足數不致拂人好惡且民販非止一家售鹽不拘一地無專利壟斷之害無居奇擡價之權是以多便之晉省自改歸官運後名雖官運其實並無官本均由各州縣招令運夥承辦往往一州縣僅止一店卽市鎮分店不過數處鄉僻小民有越數十里之遙始能購買者運夥倚官爲護符官資運夥爲囊橐有訴攙水雜沙者有謂擡價短秤者迭經查禁迄多陽奉陰違此本省之辦法不善也陝豫引地均不過三十餘州縣銷數較勝本省引地四十餘

州縣銷數反絀可見分之民運則爭售而便民專之官運則利私而病課對勘互證利害較然自不如將本省行銷引地仿照陜豫成案統改官民並運如果舉辦有效則所短三四成正課十餘萬兩可以規復查陜豫官民並運章程係以三成爲率一成歸官二成歸民今卽照此成數分配營運所有各地方官祇准取緝私經費此外儻有絲毫需索立卽嚴參懲處如能巡緝認眞亦必予之獎勵試辦一兩年後庫款稍可騰挪察民運猶有不足之處再照四川辦法酌

籌官本領運相輔而行至釐課能否一律加徵抑須
分別旺衰隨地量加之處再行擬議詳辦臣與該司
道等再四籌商似整頓潞綱舍此實無善策合無仰
懇
天恩飭部核議准將晉省引地仿照陝豫改爲官民並運
即自光緒二十七年九月開辦丙申綱爲始一俟奉
准部覆當即示諭各屬認眞改辦其餘未盡事宜由
臣隨時咨部辦理等語臣等伏查河東鹽務自咸豐
四年捐免充商奏准統歸官運晉陝官運官銷豫岸

官運民銷乃行之未及二年陝豫兩岸即請改官民並運晉省則仍官運官銷相沿至今已五十年當丁戊大祲之餘潞綱始敝然以蒲私充斥爲晉省滯銷之原其弊未必盡由官運也但該省官運成本難籌致有種種窒礙情形既據山西巡撫岑春煊以整頓潞綱舍官民並運章程別無善策并以舉辦有效即可規復正額量加釐課等情具奏臣等查成規雖不宜輕改而課税日絀亦當設法維持該撫既爲籌款起見且以潞鹽行銷鄰省之例推之本省與輕議更

張者有間所奏尙屬可行相應請
旨飭下山西巡撫准將晉省引地仿照陝豫改爲官民並運以丙申綱爲始先予試辦一年察看有無成效再行擬議惟官運之設所以濟民運之窮民運既行官運亦不可廢若如該撫所奏俟一兩年後再籌官本領運則僻鄉滯岸必有食淡之虞應令轉飭河東道講求行鹽道里凡民運不及之處即籌官本濟運逐漸推行俾符一成之數以期裕課便民時局需款方殷果能規復正額十餘萬兩自可稍資挹注其應如

何加撞加價亦不得視爲緩圖該撫仍當督同司道
隨時妥籌奏明辦理至緝私所以衛課該省近年痛
私吉私諸多未淨各州縣既無行鹽之責緝私必視
爲具文應令嚴定考成或有緝私不力及格外需索
民販情事立即叅懲示儆八月十四日奉
旨依議欽此

戸部奏新定大案賠款分派攤還疏光緒二十七年

戸部奏據全權大臣先後來電並送還款表一紙計此次賠款議定四萬五千萬兩前數年每年本利銀一千八百八十二萬九千五百兩嗣後按年遞加每年二千餘萬兩及三千餘萬兩不等至三十九年爲止總共本利銀九萬八千二百二十三萬八千一百五十兩另有允緩半年付利息銀九百萬兩分三年帶交由西歷明年正月初一日卽華冬月二十二日起照付是款目之鉅曠古罕聞限期之迫轉瞬卽屆

就中國目前財力而論實屬萬不能堪然和議既成賠款已定無論如何窘急必須竭力支持臣部職司度支固屬責無可卸各省値此艱鉅尤當勉爲其難亦惟有於出款力求裁減入款再求加增庶幾湊集鉅款屆期歸償於大局不至貽誤謹將擬裁擬增各款逐一開列恭呈

御覽八月十六日奉

旨依議欽此

計開

一鹽斤加價前已奏明辦理有案然為數尚少款項
亦均已撥用擬令各省就現在鹽斤價值每斤再加
增四文

陝岸鹽釐遵照部議自行設局加抽疏

光緒二十七年
護理陝西巡撫李有棻

竊前經
行在戶部具奏新定賠款分派攤還計開陝西每年派銀
六十萬兩又議覆兩江總督劉坤一電奏淮鹽加價
請飭一律照加議准每鹽一斤加價四文先後奉
旨允准咨行到陝當卽行司遵辦去後玆據釐金善後兩
局司道詳稱陝西素號瘠區民窮財絀
聖駕經年駐蹕洞鑒苦情今於萬難之中求生財之道計

惟有鹽斤加價爲陝西籌款之大宗溯查潞鹽行陝每年額銷一千三百三十一名每名配鹽三萬斤所有陝岸鹽釐向由河東包收包解每三萬斤隨課代收釐銀十二兩核計陝岸銷鹽一斤收釐合錢不過半文雖陝岸每年溢銷額引至五六百名之多而合計一年所收鹽釐僅止二萬餘兩收數本甚微末二十四年經升任撫臣魏光燾奏請每斤加價四文迭經山西撫臣以商疲引滯爲詞迄未定議嗣經戶部議覆以二文爲定並定於次年正月初一日開辦旋

又准山西撫臣咨商展緩至三月初一日爲始仍由河東一併代收潞商於展緩期内將應封引鹽乘隙提前配運預爲此後滯銷地步又時值荒旱戸有流亡銷鹽較前亦少山西撫臣卽以加價短收正課奏請停辦實則從前加價之議未定食鹽之價已增鹽商早獲重利行銷仍復如常未見因價貴而遂形疲滯也前經部議酌加一文是時尚無各省加收之說今奉部議一律增加四文陝省自應照辦且潞鹽行豫向由豫省自行設局抽收陝西事同一律尤應援

照辦理查潞鹽運陝由下馬夾馬二口發運陝西所屬之三河口實爲之襟喉擬卽在該處設立總局並於潼關大慶關各設分局以扼其旁溢之路凡潞鹽入陝者除額收外每斤加收四文所加之釐照數加之市價爲數無幾不至病民可冀集成鉅款且各省一律加收潞鹽不至偏重更可無趨而食賤之虞實於商課無礙等情詳請奏咨前來臣查陝西行鹽引岸惟潞鹽爲多銷鹽不啻邱山而收釐則只毫末若在無事之時原不妨恤商省事今值萬分窘迫之際

歲增認還賠款六十萬兩籌措艮難未便以固有之利柄付之他人致令坐失巨款且官既加釐商必加價是所加之數雖取之於潞商實出之於陝民應即如該司道所議在於三河口等處自行設局加收但陝既加釐亦應兼顧引課其最宜防者則恐蒲灘乘以侵灌甘私趁此抵銷惟有嚴緝灘私督增甘引並釐訂詳細章程責成局員妥慎辦理以期款有增加商課無礙至陝省現經自行設局加收其晉省隨課代收之釐亦宜劃清界限擬請至今年年底止仍由

河東包收常釐陝局專收加價自明年正月為始一律統歸陝省經收以免轇轕除詳定章程咨部查照立案外所有陝西設局加收潞鹽釐金緣由理合恭摺具陳十一月初二日奉
硃批戶部知道欽此

晉省潞鹽陝豫兩省加價已重未敢再加懇飭勻撥

部議光緒二十八年

戶部議覆據山西巡撫岑春煊奏晉省潞鹽陝豫兩省加價已重未敢再加懇

恩飭部勻撥一摺光緒二十八年正月二十七日奉

硃批戶部議奏欽此欽遵由內閣鈔出到部據原奏內稱各省籌措軍餉濟解償款多以鹽斤加價爲大宗查陝豫行銷潞鹽陝則於向徵鹽釐外上年議定加價一文豫則於原議加價二文外上年議定加價一文

近今陝豫兩省因籌措賠款又各議新加四文合計兩省前後加價豫省已至七文陝省連鹽釐在內將至十六文若晉省再議加價則官貴私旺即法令亦有時而窮覆查此次鄂湘各岸加價係由兩江主政陝豫之行潞鹽與鄂湘之行淮鹽事同一律惟有於陝豫已成之議爲裒多益寡之謀仰懇

天恩飭部將陝豫已加潞鹽之價秉公勻歸晉省若干以濟急需而昭平允等語臣等竊查上年臣部新定賠款單內有擬令各省就現在鹽斤價值每斤再加增

四文之條以鹽斤加價取之民間則甚微集之公家則甚鉅較之他項籌款辦法尚屬簡便易行無論產鹽省分與銷鹽省分均應一律照加以期湊集分派之數茲山西巡撫以晉省未便再加請將陝豫已加潞鹽之價勻歸晉省並援鄂湘之行淮鹽以爲比例查上年九十月間兩江湖廣各總督因淮鹽加價疊次電爭江督以引地分布外省請將現加四文以二文歸產鹽省分以二文歸銷鹽省分鄂督則以鄂省爲鄂籌款而加價取之鄂民自與江省無涉免致以

鄂民多出之錢徒供他省之用情詞各執臣部以籌款祇能統論全局至鹽務實在情形各該督身任地方均有理財之責部中礙難遥斷當經電覆兩江湖廣總督體察情形和衷商定嗣鄂省仍加價四文江省減爲二文在案潞鹽行銷陝豫而加價與淮鹽行銷鄂省而加價情事相同究竟能否匀撥應請

飭下山西巡撫岑春煊自行咨商陝西河南各巡撫斟酌辦理新定賠款大局攸關務須及早設法籌定足數是爲至要二月二十八日奉

旨依議欽此

續增河東鹽法備覽　卷中　六十三

陝岸鹽釐暫歸晉省徵用以紓商力會疏

光緒二十八年護理巡撫兼鹽政趙爾巽

竊查潞鹽行銷陝豫前奉部飭舉辦加價經山西升任撫臣岑春煊以陝豫兩省加價已重未敢再加奏

請

飭部勻撥當經部臣議令自行咨商各該省斟酌辦理在案嗣經奴才等往返咨商以潞鹽行銷陝岸既有前辦加價之每斤一文又有鹽釐每名十二兩現又新加每斤四文計已將至六文若再由晉省加價商力

實有不逮而陝省新議加價本係指供償款若照晉省原議核減則償款無出又恐貽誤要需勢處兩難籌商至再經奴才升允查明陝岸鹽釐之每名十二兩本係由晉代收解陝應用本年因議辦加價並將鹽釐歸陝徵收現既晉省舉辦加價商力維艱且恐官滯私銷有虧課項惟有將陝釐暫歸晉用仍由晉併歸新加二文內徵收以期畛域不分兼籌並顧惟是陝庫奇絀現將舊有之的款接濟鄰疆自應俟晉省商銷暢旺籌款稍易即照原案仍歸陝省自行抽

收應用以免久懸似此暫爲通變在晉無重累吾民之虞在陝無致礙償款之虞實於兩省均有禆益謹會同陝西巡撫臣升允附片具陳十月二十八日奉

硃批戶部知道欽此

續增河東鹽法備覽　卷中　李

賠款加價統按每名折收銀四十兩疏

光緒二十九年　護理巡撫兼鹽政　吴廷斌

再查潞鹽行銷陝豫，前准部咨以賠款重要，飭辦鹽斤加價，經升任撫臣岑春煊、升任護撫臣趙爾巽疊次札飭河東道一再籌議，酌定每斤加收二文，每名折收銀四十兩，自光緒二十八年九月開辦丁酉綱起徵，名爲賠款加價，另儲備解，並由臣咨明户部在案。嗣准部咨以此項賠款加價現已試辦半年，應即奏明以重鹽法，並令轉飭河東道一俟丁酉綱截數查

明銷數收數以及支解數目另造清册送部核銷等
因當卽轉行河東道遵照去後茲據河東道吳匡詳
稱遵查賠款加價晉豫陝三岸每斤加收二文每名
折收銀四十兩係於光緒二十八年九月初一日開
辦丁酉新綱起徵專備晉省公約賠款之用至是綱
所銷鹽引名數所收加價銀兩以及支解數目應俟
本年截至八月底屆期隨同奏銷引課册籍再行另
造清册呈送理合先請
奏咨立案等情前來臣覆核無異除咨明戸部外謹附

片具陳閏五月二十一日奉

硃批戶部知道欽此

報効練兵處常年的餉疏 光緒三十年 巡撫兼鹽政 張曾敭

竊臣於光緒三十年三月初八日承准軍機大臣字寄三月初二日欽奉

上諭現在時局艱危非多練得力勁兵無以爲固圉安民之計迭經降旨通飭認真籌款以備餉需內外同一爲難全在各省不分畛域合力通籌移緩就急等因欽此並准部咨先行提解北洋常備軍餉山西奉提二十萬兩等因咨照前來伏查臣自上年迭奉

諭旨飭籌練兵要餉並准部議十條當經分行司局欽遵

辦理又因籌款需時而待餉孔亟先經飭司提解銀
三萬兩以濟要需具摺陳明在案臣忝膺疆寄受
國厚恩仰掌
詔旨誥誡至於再三但能除弊節流裨益餉需之處曷敢
畏難避怨惟是晉省自庚子以後籌防籌賑措辦公
約及本省償款舉行新政各事宜每年驟增出款一
百數十萬兩以素稱貧瘠之區尚能供支無誤半係
取給於外銷之項中飽之資茲復督同司道各局於
無可設法之中勉力籌措期於不擾民生可資的餉

謹將擬議報効辦理情形爲我
皇太后
皇上縷晰陳之如酌提差缺一項晉省府廳州縣本無優
缺其稍裕者亦僅及他省之中下自經湊解償款舉
辦新政已提州縣驛站商畜契稅報効等項所入約
十之三四而著名苦缺仍須酌提各缺羨餘均勻津
貼誠以府廳州縣均係親民之官語云刻覈太甚必
有不肖之心應之若竟搜括無遺深恐別滋流弊至
省城局差及各軍薪餉經前護撫臣趙爾巽以人不

敷出大加裁減臣抵任後又將局用委員從嚴裁併
歲約省銀一萬餘兩現在常年支款均係必不可省
之需尚屬不敷甚鉅其釐稅各差歷次加增比較化
私爲公更無盈餘可撥臣再四思維擬自府廳州縣
以下缺差免其報効惟臣與各司道受
恩深重自應竭誠奉上茲由臣報効銀三千兩藩司報効
銀四千兩臬司二千兩冀甯道一千兩河東道三千
兩雁平道八百兩又歸化關向解臣署公費銀二千
兩一併報効歸綏道將向解公費銀一千八百兩作

爲該道報効之款通共銀一萬七千六百兩自光緒三十年起每年照數解充兵餉如加增菸酒稅項一節晉省向來徵收數目與直隸新章相等而產地銷場一律納稅較直隸尤有增無減是稅則無可再加猶恐有隱匿斤數之弊迭經委員馳赴各廳州縣按簿澈查並裁減各局用費每年約可增銀四萬兩此擬辦差缺菸酒之實在情形也至部議十條除漕項沙田暨兩浙兩淮甘肅鹽務四川土藥各條晉省無庸議辦外如鹽引加丁加閏一節河東鹽務自咸豐

年間捐免充商能銷一引之鹽始獲一引之課與按綱認課者不同前因災祲遞壓至五綱之多近屆奏銷甫能及額即使勉强加增徒多欠封之引並無加課之實惟有督飭該道竭力疏銷但能提前清綱較之加丁加閏更有實際至官辦土藥一節晉省有畝稅有行商稅有坐賈釐定章已極精密況民間多係自種自食若由官設局售銷非特財力不及亦恐徒滋擾累得不償失如嚴核錢糧一節晉省州縣徵解均係用銀並無浮收折徵等弊荒地項下舊案已奏

明永豁自丁戊大祲新報荒地錢糧二十餘萬節經招墾升科僅闕七萬餘兩實由丁戸尚未復元並非督徵不力現由司督飭州縣實力勸墾再加糶變米豆盈餘等項約可得銀一萬七八千兩此後如有加增儘數報解至於商畜契稅均於償款新政案內歷經提解惟府州以下既免其報効應再分別酌提每年商稅銀一萬兩畜稅銀一萬五千兩此又擬辦錢糧稅項之實在情形也臣維練兵係根本至計必須有常年的餉方爲經久之圖誠如

聖諭搜括病民之政斷不准行而公家固有之利本省外
銷中飽之資竭力搜羅匀撥合之臣等報効之款每
年可認解銀十萬兩實因限於財力所籌祇有此數
現奉
諭旨飭裁官缺業經督同兩司擬將同通教佐等官實力
裁汰另行奏報每年省出常款悉數報解作為練兵
之費以期仰副
朝廷勵精圖强之至意七月十五日奉
硃批戸知道欽此

蘆鹽告運太汾查明窒礙八端院咨

光緒三十二年　巡撫兼鹽政恩　壽

案准貴部堂咨開據長蘆鹽運使陸嘉穀詳稱轉據綱總商人王賢賓稟稱竊查河東鹽引行銷於山西陝西河南三省所屬之平蒲西同南陽等一百一十九州縣若太汾等屬四十餘州縣前將額引劃歸潞司承領名爲陽曲引每引徵鹽稅銀三錢九分零附入地丁奏銷故晉省城東北數十州縣向無商運官鹽其民間買食者靑鹽蒙鹽蘆鹽土鹽種種不一任

民自便推原無商運鹽之故蓋因山路崎嶇運鹽艱阻成本過重畏累不前以致數十州縣悉成荒廢之區方今百政維新凡有開源興利之事自宜亟時舉辦以收利權況整頓鹺務較籌他款者尤屬事半功倍現查正太鐵路指日即可修至山西平定州界商擬請告運蘆鹽由火車裝載至平定州壽陽縣盂縣樂平鄉火車已通之處先行試辦以立基礎尚有數十處俟火車行至何處隨即察看情形變通整頓逐漸推廣以冀全省食私之州縣盡化爲官緣運路便

捷成本減輕賤價出售自能抵制私鹽多銷官引每年約可多銷蘆引一二十萬道既可復蘆綱之停引亦可籌晉省之餉需山西數十州縣之民亦便於買食有數利而無一弊謹將辦法情形分條為我仁憲陳之一蘆鹽販入山西銷售者惟贊皇井陘內邱邢臺等縣昔年官價既小又無釐金成本輕則販運多自庚子以後蘆鹽加價山西抽釐鹽價日昂民間貪賤食私更兼徧處刮土淋曬硝鹽者日甚一日因之蘆鹽日滯較前減銷十之六七恐數年後私鹽愈熾

不但銷路阻塞且恐有倒沖蘆岸之虞即山西所徵之鹽釐亦將烏有矣一經運蘆鹽仍照蘆綱科則領引納課運至晉省無商運鹽之州縣設店銷售試辦三年後俟有盈餘即行稟請酌提銀兩報効歸公一山西自庚子後籌攤賠款分關設卡按斤抽收鹽釐因鹽價增昂商販裹足如關卡爲招徠計有變通收納者以致各處釐數未能一律擬懇詳請咨商山西撫院核計近三年所收鹽釐成數或由商包交或按包酌定畫一數目完納俾得遵守如此辦理山西籌

款有增無減且可節省分關設卡之費一商創辦晉省行鹽籌款公司資本業已備足不圖招集外股惟遵守商部創辦公司章程辦理由近及遠凡火車通行向無商運之州縣逐漸開闢不准他人仿照爭競俾得專意經營以拓利源而保血本山西食鹽向由各行鋪家販運零售商運鹽到境仍循舊章批發各處分銷不擾商而便民倍增課款且無礙晉蘆認地行銷之引商以上四條略陳大概情形如蒙俯准仰懇轉詳咨商核示遵辦儻有未盡事宜再行隨時稟

陳爲此稟懇伏乞電鑒施行等情到司據此查該綱
商王賢賓所稟開闢山西銷路創設公司疏通積引
與直晉商民似均有益除批示外理合據情具文詳
請俯賜函商山西撫部院核行飭遵等情到本督部
堂據此正在核辦間復據該司詳稱案查本年二月
間據綱總商人王賢賓具稟開闢山西銷路創設公
司疏通長蘆積引請轉詳咨商核示遵辦等情曾經
本司據情詳請函商山西撫部院核覆行司飭遵在
案茲復據該綱商王賢賓稟稱竊商前因山西省城

東北數十州縣向無商運官鹽其民間買食青鹽蒙
鹽蘆鹽土鹽種種不一任民自便曾經稟請告運蘆
鹽由火車載至平定州等處先行試辦以期化私爲
官俟火車行至何處隨卽察看情形逐漸推廣在長
蘆多銷積引在晉省多收釐金業經稟蒙批示詳請
咨商山西撫院在案商自應敬候咨覆曷敢多瀆茲
商在於山西各州縣詳細察訪整頓情形以期異日
易於興辦查得該處原有歷奉銷鹽成案刊刻碑記
理合照錄原文恭呈備案等情到司據此除稟批示

外可否函催之處理合將該商呈送碑記原文照錄
清摺詳送核奪等情前來除備函奉商外相應咨明
請煩查照核覆施行等因准此當經分行布政司河
東道會同財政處體察情形通盤籌畫妥議詳覆去
後茲據布政司財政處會詳稱遵查定例運鹽行銷
各有引地限制晉省則靈霍以南四十四州縣民閒
向食潞鹽爲河東現在銷鹽之地平介以北六十餘
廳州縣銷售土鹽蒙鹽爲吉蘭泰引地而民閒於吉
鹽之外亟食土鹽蒙鹽蒙鹽入口輸稅無課所以恤

商至土鹽有稅隨糧徵收藩司領引吉引自咸豐癸
丑以後由河東承領課歸潞商代完從此吉蘭泰引
地實與潞岸無異矣溯查光緒十年有太汾試運潞
鹽之案是疏銷滯引潞商早有志經營將來鐵路開
通轉運便捷有必辦之勢若蘆鹽推廣運銷斷斷乎
潞商必起而與爭也即就土商而論亦知利在多銷
平定等三處兼食蘆鹽已於土商各鹽銷路大有妨
礙平時已不甘隱忍只以相沿已久興問無人是以
無可如何若竟再爲侵占則商土生計益窘更無以

自存至原咨內開該綱總所稱蘆鹽廣銷後於山西餉需有增無減一節係指晉省東路各卡所抽蘆鹽釐金而言要知土鹽既有加稅蒙鹽亦復有釐民間食鹽歲銷有定應收之釐不得於此卽得於彼並不必蘆鹽多銷始於晉省餉需有裨也總之蘆鹽行銷於全晉鹺政大有妨礙而於潞綱引課關係尤重當經咨會河東道核議去後茲准移覆飭據商販姚長盛等稟稱晉省引鹽自嘉慶復商後凡一百八廳州縣責成全在潞綱靈霍以南四十四州縣領河東之

引掣解池之鹽平介以北六十四廳州縣雖定有吉
蘭泰引仍歸潞商代完而吉鹽蒙鹽土鹽聽民買食
咸豐癸丑以後免商歸官嵒嵐等州縣之吉引專歸
河東領運惟陽曲等三十州縣歸藩司領引徵稅餘
皆悉仍其舊此晉省引鹽南北雖有不同而課稅並
徵潞綱獨任其重之實在情形也今直省來咨以正
太鐵路將通蘆商擬請試運蘆鹽先在平定所屬行
銷以期漸推漸廣商等公同計議謹將窒礙難行之
處一一陳之如蘆商所稱省城東北數十州縣向無

商運官鹽悉成荒廢之區一節查蒙鹽入口乃
國家撫馭外藩之道始自乾隆元年奏准有案其來自
阿拉善鄂爾多斯旗者曰大紅鹽二渾鹽來自烏珠
穆沁浩齊特蘇尼特各旗者曰大青鹽小白鹽至於
土鹽則太汾大朔甯忻保代遼沁平十一府州所在
皆有其法掃土淋鹵煎曬即可成鹽鄉曲貧民食此
者十居八九以天地自然之利供民間日用之需偶
有歉收潞鹽足資接濟無虞澹食謂爲悉成荒廢運
銷越境蘆鹽是意在侵銷而不在於濟食此窒礙難

行者一又如所稱告運蘆鹽由火車裝載至平定州
壽陽縣盂縣樂平鄉先行試辦尙有數十處俟火車
行至何處逐漸推廣一節查各省運鹽水陸皆有定
程每發鹽時將刋刻程單付給腳戶核其道里之遠
近限以時日之短長卽以定售價之貴賤其閒權衡
悉當必使兩岸相界之處各得其平東南航路開通
數十年來未聞有江海輪航載運引鹽借地行銷之
事鐵路正在興辦將來軌轍四達遲速難易自較輪
艑篙櫓相去天淵偶開便捷之端必啟紛爭之漸極

其流弊恐不至於病課病商病民不止此窒礙難行者二又如所稱冀全省食私之州縣盡化爲官一節夫無引無課之謂私漏釐漏稅之謂私越境興販之謂私晉省行銷潞鹽凡四十四州縣餘皆蒙土兼食潞鹽之引課歲有奏銷蒙土之稅釐徵歸正賦他如鄰私越販則查拏罰辦鹽貨充公固知蘆商所指食私係專就蒙土而言查光緒十年太汾試運潞鹽經升任鹽院張奏准蒙土各鹽聽民買食不准絲毫抑勒此即不能指爲私鹽之明徵今蘆商盡指爲私將

思有以抵制之在土民人少鹽多必將倒灌潞岸在

蒙古頓失生計難保不上瀆

宸聽此窒礙難行者三又如所稱每年可多銷蘆引一二十萬道既可復蘆綱之停引亦可籌晉省之餉需一節查潞綱積年疲滯停引已五綱之多計三百一十七萬九千一百九十五道而分年帶銷暨本年滯銷之引尚不在此數內正在公同設法運往太汾分銷舍己徇人無此公理況蘆引多銷一道則潞引必將少銷一道蓋蒙鹽不能逞志於北勢必盡趨於南計

口授食之謂何而驟加此一二十萬道則綱之引猶治水而壅之使決也此窒礙難行者四又如所稱蘆鹽販入山西銷售者惟贊皇井陘內邱邢臺等縣自庚子以後蘆鹽加價山西抽釐更兼徧處淋曬硝鹽因之蘆鹽日滯一節查直隸贊皇井陘內邱邢臺等縣與晉省處處毗連蘆鹽越銷非所應有前因籌備賠款加抽掌土鹽釐蘆私本輕價廉益得乘機而入是以光緒二十八年盂縣有籌給庫本官運蒙鹽之請平定有就近買食蘆鹽之議經山西籌餉總局變

通籌議比照潞鹽行陝行豫抽收加價之例凡蘆鹽之運入平定盂縣樂平三處者每斤抽收加價六文較之豫抽潞鹽尚少一文較之晉抽蒙鹽則少二文仍俟試辦一年再行察看遞加至逾北逾南頭頭是道其未領有加價照票之海鹽仍准沿途村民隨在緝拏詳奉批准有案事屬變通辦理亦且誼重比鄰今以本境淋鹽爲非是喧賓而奪主也此窒礙難行者五又如所稱擬請咨商山西核計近三年所收鹽釐成數或由商包交或按包酌定畫一數目完納於

山西籌款有增無減且可節省分關設卡之費一節
查鹽爲民生日用所必需行銷多寡歲有常經譬如
㸤土各鹽每人日食三錢改食蘆鹽亦祇日食三錢
蘆鹽非格外加抽不能收有增無減之效况土鹽爲
貧民所便既已隨糧徵稅斷不能禁止煎熬蘆鹽即
使暢行其所獲效亦不過㸤蘆短徵若干蘆鹽即收
回若干得此失彼無所出入至分關設卡多係鹽貨
兼抽鮮有專設㸤鹽不能言禁更屬未便議裁此室
礙難行者六又如所稱創辦晉省行鹽籌款公司凡

火車通行向無商運之州縣逐漸開闢不准他人仿照爭競一節查鹽務乃

國家財政所繫與別項商務特別開創可以爲箇人事業得能專利者不同故壟斷把持久干例禁今蘆商指定向無商運之州縣則晉省之平介以北五府六州十廳所屬自已包舉無遺現在正太火車已抵平定將來同蒲鐵路亦必接續興修蘆鹽直入戶庭其旁決橫流必致掩倒潞鹽全綱而後已況吉鹽之引課潞綱代納土鹽之引稅晉民攤完迄已百有餘年

一俟同蒲路開自闢引疆固潞商應盡之務即目前太汾試運疏銷滯引亦晉民自有之權蘆商之越俎經營竊爲未可此窒礙難行者七又如所稱平定等三處有歷奉銷鹽成案刊刻碑記一節查乾隆五十七年潞綱引課攤歸地丁凡一百七十二廳州縣之食鹽聽民自行販運於是蘆蒙花土各鹽紛紛南下即附近解池之私煎私曬亦得任意肆行潞鹽無處行銷遂即侵逼淮岸嘉慶七年兩淮鹽政有籌杜鄰私以衛淮綱之奏十二年有河東引鹽改歸商運之

旨惟當改歸之始解池所產以及吉鹽內運尚屬把握毫無平定等三處密邇蘆鹽引地暫准兼食蘆鹽係一時權宜之計自此以後遂不復有准食蘆鹽之案從前蘆岸淮岸師旅水患民食缺乏未始不賴潞鹽接濟若以偶暫之事援為例章則潞商於別綱毋亦以此興問乎此窒礙難行者八商等或供澆曬或任運銷際此引積課懸累重銷滯正思同力合作為窮變通久之謀茲奉諭飭前因敢不披瀝直陳籲懇詳咨堅阻蘆運以保引岸而固藩籬等情由監掣同知等

轉請詳咨前來儆道覆查奉行原咨蘆商於晉省情形多皆得自傳聞未能深悉底蘊緣晉省東北六十餘廳州縣原係吉蘭泰引地嗣於復商案內將吉蘭泰引課六萬三千五百餘兩責成潞商代完以後改歸全綱攤認是山西全省與盡成潞岸無異祗以道遠運滯仍准民閒兼食蒙土各鹽且蒙鹽交釐土鹽徵稅行之已久內外相安近因潞綱引積課懸商情思奮正擬設法配運試辦太汾若再承認蘆鹽由火車裝運直入微特門戶洞闢將潞綱積引竟無疏通

之路且煙戶祇有此數鹽多銷少必不能杜蒙鹽之
南灌而護潞岸切近之藩籬各該商所稟均屬實情
加以釐稅要需土棠生計通籌兼顧若准蘆鹽入晉
即使一無流弊其此得彼失此盈彼虛一定之理至
嘉慶間平定等處改食蘆鹽碑記係潞鹽歸商之始
大局未定出自一時權宜未可援爲成案等因咨覆
前來本司道等詳加復核該潞商所稟窒礙八端均
係實在情形而平定等三處暫食蘆鹽係潞鹽歸商
之始大局未定出自一時權宜未可援爲成案等語

尤爲的當不移之論本司道公同籌議擬請准照該
潞商等所稟咨覆以恤商情而維鹺政所有遵飭會
議緣由理合會詳察核轉咨實爲公便等情據此查
該司道暨潞商等所陳各節均屬實在情形除另函
奉覆外相應咨覆貴部堂請煩查照施行

陝省開辦鐵路加抽鹽價有礙潞綱疏

光緒三十二年　護撫兼鹽政　恩　壽

竊照前准陝西撫臣咨於光緒三十二年六月二十二日會同陝甘督臣附

奏擬於鹽價每斤再加制錢二文專作鐵路的款一片將原奏恭錄咨行到晉遵經轉行河東道分飭聽場及口岸各員並陝省官運局一體遵照去後茲據該道轉據陝省全綱商販公稟稱潞鹽行陝自辦理官運以後每年銷數率皆一千八九百名至二千名不

等光緒二十四年陝省第一次加價部議定爲二文嗣又奏准減去一文迨二十七年因攤還賠款陝又加收四文連前共成五文計每名共抽錢一百五十千文幾與運庫之正雜課費相埒從此陝銷潞鹽每年僅一千五六百名是加價之損於潞綱固已顯而易見近因減價爭售虧本歇業之販已數十家而欲罷不能者亦復愈累愈重雖云銷數仍有溢額實則溢額之故係因豫省加價多於陝省二文故潞鹽之銷於陝者得借豫地行銷並非專銷陝境今陝省出

示自七月初一日起於原收加價外每斤加錢二文從此陝豫之加價相等豫省課本較輕將來陝岸潞鹽必致借銷無路而花馬池本輕價賤之鹽鹵泊灘私煎私曬並無釐課之鹽必將肆行侵灌蓋官鹽價昂則私銷愈暢私銷愈暢則商販愈疲此固勢有必然者商等利則趨之害則避之原無所用其疑阻第事關全局餉課得失之所繫不得不披瀝上陳商聞江西加價已見阻於淮綱事異情同總求俯恤商艱保全正課等情由該道核明詳請

奏咨前來奴才查陝省此次加價係因挽回路權起見
事非得已既經一面奏咨一面出示加抽但可勉行
何分畛域惟現據闔綱商販等合詞懇免核其縷陳
各節均屬實在情形且潞綱爲課餉要需關係至重
自未便壅於上
聞合無仰懇
天恩俯念商情困苦准如所請
飭下陝西撫臣將前項潞鹽加價免其抽收另議籌辦之
處出自

鴻慈九月初六日奉

硃批戶部議奏欽此

續增河東鹽法備覽　卷中　五十六

陝省加抽鹽價有礙潞綱再疏

光緒三十二年巡撫兼鹽政　恩　壽

再陝省加抽鹽價有礙潞綱前將損課病商情形專

摺具陳欽奉

硃批戶部議奏欽此當卽欽遵轉行查照在案茲據河東

道陳際唐詳稱陝省行銷潞鹽全仗秋冬封運去秋

三箇月封課八百四十三名今自加抽鹽價後止封

二百一十九名餉源頓少十數萬入冬後幾於片引

不封陝販歇業甚多私鹽益見充斥甘餉洋款行將

貽誤等情請卽
奏請免加前來奴才查潞綱稅課乃晉省大宗大款今因陝省加價之故以致引課日懸餉源日絀在陝省鐵路所得每名加價不過四十餘兩而晉省引綱所失每名正課賠款實有一百八十餘兩之多陝之獲利甚微晉之受害已亟
國課與商業所繫實未敢勉爲遷就致壞鹺綱况陝省原奏本有稍形窒礙隨時變通之語合無仰懇
天恩俯准飭下度支部行令陝省將潞鹽加價停收以維

綱政而全大局十月二十一日奉

硃批度支部知道欽此

續增河東鹽法備覽 卷中 五

孔子升祀典禮部議 清單摘附

禮部奏稱光緒三十二年十一月十五日奉
上諭朕欽奉
慈禧端佑康頤昭豫莊誠壽恭欽獻崇熙皇太后懿旨孔子
至聖德配天地萬世師表允宜升為大祀以昭隆重一
切應行典禮該衙門議奏欽此竊維
孔子德參兩大道冠百王為生民以來所未有及門諸子定
論昭垂自漢至明歷代帝王未嘗不事推崇而典禮
終多缺略至我

朝乃極隆崇
聖祖仁皇帝釋奠闕里三跪九拜復以曲柄黃蓋留供廟庭
世宗憲皇帝釋奠臨雍稱詣學不稱幸學案前上香
特諭躬親奠帛獻爵跪而不立黃瓦飾闕里之廟追封至五
代爲王
聖誕虔肅致齋
聖諱特加敬避
高宗純皇帝闕里釋奠拜跪之數黃蓋之留均法
聖祖又倣

世宗欽定闕里
文廟之制以黃瓦飾太學
文廟
大成殿
大成門
特頒太常另繕禮節
躬行三獻之儀至
列聖御書
文廟碑文聯扁

宸章煥發尤必本配天之意務極闡揚是崇德報功之典遠

軼前朝實隱然有升大祀之意引而未發今我

皇太后以

列聖之心爲

心

皇上以

先師之道爲

道

心源默契

德音孔昭曠典特頒日星彪炳跪誦之下欽服難名臣等又

伏讀雍正五年

諭曰堯舜禹湯文武之道賴孔子纂述修明魯論一書尤切人生日用使萬世倫紀以明名分以辨人心以正風俗以端若無孔子則人將忽於天秩天敘之經勢必尊卑倒置上下無等干名犯分越禮悖義君不君臣不臣父不父子不子其害可勝言哉惟有孔子之教統智愚賢不肖無能越其範圍此所以治萬世之天下爲生民所未有也使爲君者不知尊崇孔子何以建極於上而表正萬邦乎

祖訓煌煌實與此次
綸音後先一揆雖邇日人心好異學派或致紛歧一經
顯示欽崇自足收經正民興之效謹將所議升大祀典禮
另繕清單恭呈
御覽
一
廟制街門三間
大成門五間
大成殿七間暨

御碑亭十四座舊制皆覆黃瓦餘覆綠瓦今擬改爲通覆黃瓦

一

神牌舊制朱地金書今擬金地青書

一

神幄及案衣舊制銷金紅緞今擬改用黃雲緞

一爵舊制用銅

親臨釋奠增設鎏金銀爵一鎏金銅爵二今擬均改用玉

一祭品舊制十籩十豆今擬加二籩二豆爲十二籩

十二豆

一樂舞舊制六佾今擬用八佾舊制專用文樂今擬

添用武樂

一太學及直省祭文既升大祀擬請交翰林院另行

恭撰

一臨文稱引

先師舊制雙擡今擬改爲三擡

一立碑

先師既升大祀擬請

御製碑文立石
國學以垂久遠
一
崇聖祠正位祭品舊制羊一豕一籩八豆八今擬加牛一
再加籩二豆二
一直省府廳州縣
文廟規制供奉禮器樂舞暨
崇聖祠祭品擬一同太學行禮儀節仍遵舊制惟承祭官
出入向例由左側門今擬改由右側門不飲福受胙

光緒三十二年十二月二十日奉

旨依議欽此

會奏陝省鐵路停收加價疏

光緒三十二年　陝西巡撫曹鴻勛

再臣前以鐵路需款奏請將銷陝鹽斤每斤加價二文奉部議令察看情形辦理嗣山西巡撫臣以慮礙潞綱等情奏請免加部議兩省議奏正核議間晉撫臣又以請免等情附奏奉

旨度支部知道欽此由部咨行到陝臣查鹽斤加價本係

奏請試辦既經晉撫臣一再奏陳慮於潞綱有礙自係實情當經飭局將此項加價即行停免其花川掌

各鹽與潞鹽事同一律亦即一併免加以昭平允至
部臣前議令由兩省議奏一節查晉省二次片奏業
已陳明臣省亦業經飭令停辦似可請免會議以省
文牘所有停止鹽斤加價緣由除咨部外謹會同陝
甘總督臣升允山西巡撫臣恩壽附片具陳十二月
二十四日奉
硃批度支部知道欽此

文廟工程部議

禮部奏稱竊臣部具奏

文廟擬請通覆黃瓦

大成殿

大成門街門

御碑亭均須修飾見新

崇聖祠須展拓及另建

御碑已蒙

俞允此時天氣和暖應請

欽派大臣查估承修估定後臣部郎劄監擇日開工查
文廟規則
大成殿七間階一成東西南三出陛有謂
先師升爲大祀殿宜拓爲九間階須三成五出陛者臣等相
度
文廟隙地無多
列聖御碑亭及樹株未便遷移礙難展拓須向
廟後再圈地段乃可推廣然當年工堅料實此時良材難得
即加添地基從新改造工程保固未必如前致敬之

道以實不以文似各處見新已足如間有年久腐朽
之處可由估修大臣請
旨辦理惟
崇聖祠殿廡狹隘陳設牲牢之外餘地無多不便行禮必
須展拓省牲亭亦須量展又
文廟殿廡牆垣既通覆黃瓦
崇聖祠殿廡在一廟之內前奏未及聲明應請
旨一律辦理光緒三十三年三月初五日奉
旨依議欽此

蘆花各鹽越境行銷按斤加釐院咨

光緒三十三年巡撫兼鹽政寶棻

案據布政司河東道財政局會詳稱竊維課之與釐有原來後起之不同亦產地銷場之各異徵自產地者有定取諸銷場者無定蓋物之相競必有盈不足之差因其競而定以釐使盈不足之差不至相去愈遠此所謂釐以保課而兼有以濟餉也晉省東北六十餘廳州縣本吉蘭泰引地課由潞商代納准其兼食蒙土各鹽於是蒙鹽完釐土鹽徵稅藉以屏蔽鄰

私乃鹻鹽價昂土鹽味劣遂致蘆鹽灌入平定州盂縣樂平鄉一帶借地行銷光緒二十八年各該州縣具稟請示一則議禁一則議弛當時司局會詳按每斤六文抽收蘆鹽加價本一時權宜之計故隨案聲敘俟試辦一年後再行察看遞加自開辦以迄於今銷數日增曩所估計歲收加價不過三四千吊近則收錢合銀已至六千餘兩就斤數核之約合一百二三十萬斤又陝省定邊一帶所產之花馬池鹽與鹻鹽似同實異其行銷地面雖與太汾相接然太汾屬

境例不准其闌入自光緒三十年弛蒙鹽水運之禁
花鹽之私運磧口者併准化私爲官每斤抽釐八文
由軍磧釐卡委員兼收殆以徵爲禁之意亦聲明先
行試辦如可加增隨時詳請核奪果使蒙釐潞課徵
收如舊則添此釐價晉亦何樂不爲即蒙潞稍有滯
銷而不甚相懸亦可兩利取重無如蘆鹽直入堂奧
花鹽路路可通使蒙鹽不能得志於東者竟轉折而
趨於西將潞綱固有之藩籬潰決於無形無影之中
若不早爲之謀必有不可收拾之一日方今北路蒙

古整飭官商並運潞岸積引詳准試銷太汾挽撫馭藩服之利權盡聊固吾圉之義務花蘆既准運晉要當併計通籌齊不齊而使之齊乃維持財政之機關整頓鹺綱之公理夫花蘆之侵銷晉境也其確切不移之比例惟川鹽濟楚是楚淮岸也居長江流域而借銷川鹽以故加稅加釐江省主之同治七年歸併川釐於宜昌總局每斤抽錢一十八文光緒十年復設局於萬戶沱加抽海防三文嗣又加抽江防二文此後迭有變更要皆每斤抽錢二十一二三文不等

其最後之賠款加價尚不在此數內今若援以爲例
必謂苛以相繩第上年蘆綱曾有告運太汾推廣行
銷之舉其本輕利厚自不待言花鹽來自延榆原祇
越銷汾陽近則平遙迤南所在皆有此皆抽收釐價
以後之現象緣行銷之暢滯全在價値之低昂價値
之低昂全在稅釐之輕重而稅釐之輕重則在比較
成本俾官私不相軒輊方爲一定辦法况花蘆味質
均較潞鹽爲優與蒙鹽則彼此相埒是與潞鹽成本
相較者猶後與蒙鹽成本相較者宜先現在汾州蒙

鹽每斤售價四十四文花鹽每斤祇售三十七文賤於蒙鹽七文平定等處之蘆鹽其賤於蒙鹽聞尙不止此數無怪其駸駸直入而日漸擴充也本司道一再會商急不容緩之圖其端有二一爲查照原議酌量加釐也蘆鹽加價六文花鹽抽釐八文同一越境侵銷而名目各殊多寡互異揆厥原始未始非優待蘆商第未顧名思義今若一律倍加則花鹽太覺偏重兄蘆鹽於例應行銷之豫岸每斤尙抽加價八文易地而折半加抽似不爲過花鹽弛禁時吳前升道

原有每斤抽收十數文之議今略仿其意必無滯礙擬自本年六月初一日爲始蘆鹽每斤加抽制錢八文花鹽每斤加抽制錢六文合計花蘆每斤各抽錢十四文原抽釐價卽在此內統名之曰鹽釐衡以楚岸川釐每斤尚少十文左右將來花蘆各鹽卽將加抽錢文盡數加入售價之中仍較蒙鹽爲賤其抽收之法仍由各該釐卡就近兼辦於入境處所交價領票銷售聽民兼食一爲酌定銷地分別限制也花鹽之成本原無課項蘆鹽之運道自津漢路成後由火

車載運引地較諸潞鹽費重蒙鹽運遲均難易迴殊徒此改禁爲徵不復予以限制旁决横流之患仍恐無所底止縱蒙潞多方抵制計將有時而窮擬自奉准加釐之日起凡花蘆已到之區如平定州盂縣樂平鄉三處以及汾平介孝四縣仍准照舊兼銷外儻再越境侵灌或蘆鹽有由正太火車載運直抵晉境車站花鹽有由私渡繞越希圖漏釐情事自不得不以私論惟有示諭沿途分卡同所在人民一體查拏以鹽充賞此係晉省通融之引岸並非花蘆應有之

銷場此外如有未盡事宜或試辦一二年體察情形仍須酌量遞加暨同蒲鐵路修成即當次第收回隨時審度機宜詳咨辦理所有會議花蘆等鹽一律加抽鹽釐以保課源而濟餉需緣由是否有當理合會詳查核批示祗遵並請分咨直隸陝甘督部堂轉飭知照等情據此本部院查近來潞綱積滯花蘆日漸侵銷該司道等所議將花蘆等鹽分別加抽鹽釐自係爲固本清源起見除批飭司局撰示定期抽收分行各卡查照外擬合咨明請煩查照一體轉飭知照望切

施行

河南鐵路加價疏

光緒三十四年　河南巡撫林紹年

竊據豫省鐵路總協理禮部左丞劉果農工商部左參議袁克定前廣西慶遠府知府王祖同等呈稱豫省自辦鐵路經歷任撫臣提議光緒三十三年秋間

奏奉

諭旨允准欽遵在案數月以來悉心研究路綫及招股籌款辦法僉謂開洛鐵路比公司指日竣工洛潼路綫非遠籌自辦無以挽利權而維大局惟自洛至潼山重水複工程既鉅需費尤多本省地瘠民貧若專恃

招股興修實苦力有未逮現在風氣漸開凡在豫官紳商民皆知維持公益於集股以外均願認捐庶期衆擎易舉查食鹽一項為全省人民所共需而鐵路鉅任即宜為全省人民所共負擬請嗣後豫民購鹽無論官運商運每斤均抽捐款四文雖一時不免自食貴鹽而積少成多有裨路政在豫民既自樂輸納非特各綱商皆當協力即蘆潞淮東各鹽政念脣齒相依之誼無不主持提倡樂觀厥成一俟路工告竣此項捐款即行停止仍復原價而顧民食惟既共認

捐輸之義務即應享路股之權利凡經手繳捐之官運商運亦應分給路股以昭公允此項捐輸四文收成鉅款後按照各引地提撥一半塡給鹽商股票息摺所得年息紅利均作爲該商等永遠財產再提撥一半塡給地方股票息摺所得年息紅利一律作爲該屬地方公款以辦公益在路工未成以前除撥歸鹽商利息照付外以地方公款所得緩辦公益暫移作保息抵款俾堅眾信似此統籌兼顧於行銷加價毫無窒礙計四綱所捐之款每年約可得銀四五十

萬兩於路政大有裨益等情當經行司會同糧鹽道
核議該司道等所見亦與各紳等大略相同會詳呈
請
奏咨前來臣維保路權即所以保主權豫省鐵路現已
勘定路綫聲明自辦然亦勢在必辦查核籌款辦法
果屬有益於國於民亟有益於商本與尋常加價歸
公者不同且有路成停止期限事既僉稱公允自當
力任其難合無仰懇
天恩俯准飭部先行立案以濟要需而謀公益一俟接奉

諭旨卽欽遵分别咨行遵照辦理正月二十四日奉
硃批該部知道欽此

度支部奏酌加鹽價抵補藥稅疏　光緒三十四年

竊查本年二月二十日內閣奉
上諭外務部奏籌擬禁煙辦法另籌抵補藥稅各摺片著
民政部度支部迅即會訂稽核章程其藥稅指抵各款
由度支部另行籌補等因欽此嗣於四月二十四日經
臣部會議覆奏業於摺內聲明抵補藥稅由臣部另
籌奏明辦理等因奉
旨允准在案現查藥稅指抵各款以練兵經費及各省額
撥爲大宗今實行禁煙稅項日減向時指抵各款亟

應另籌抵補以備應付雖印花稅一項前經奏明辦理現在甫議開辦恐未必驟收成效臣等日夜籌思際此財力奇窘苦無長策必不得已惟有酌加鹽價尚可集成鉅款議者謂東西各邦通例凡爲國家必要之需無不由國民共其擔荷就鹽攤派天下無不食鹽之人即無不同盡義務之人其說頗中肯綮茲擬按照向來加價之數酌中核議無論何省通行每斤暫加四文實屬輕而易舉儻各省實力疏銷每年當可得銀四五百萬兩以一半解部抵補練兵經費

以一半劃歸產鹽銷鹽省分勻撥濟用雖於練兵經
費及各省額款未可全數抵補亦可暫濟目前之急
如各省疏銷不力以致舊日課釐等項或有短絀即
將應撥該省此次一半加價先行提補課釐等項原
額有餘再撥給該省應用其有委員等辦理不善激
生事端者即由該管督撫從嚴參辦此次酌加鹽價
係爲抵補藥稅而設各省務須一律遵行不得彼此
參差致有畸輕畸重之弊如蒙
俞允即由臣部電咨各省限於本年七月初一日通行照

數加收以濟要需五月二十五日奉
旨依議欽此

山東增加鹽價他省不得援以爲例疏

光緒三十四年

遼瀋道監察御史　王履康

竊臣以爲居今日而言理財，非統籌全局則畸輕畸重，必不足以利推行；非因時制宜，則何去何從，必不足以觀久遠。查度支部奏准酌加鹽價抵補藥稅摺內，請將各省食鹽通行每斤暫加四文，以一半解部抵補練兵經費，以一半劃歸產鹽銷鹽省分勻撥濟用等語。推原其故，在部臣本爲籌抵藥稅起見，值此財政奇窘，故不得不酌加鹽價，以爲暫時權宜之計

且係各省一律辦理本無偏重之處即如山東實因
財政困難撫臣袁樹勛電奏請將東省引票各地鹽
斤每斤再加二文業經奉
旨允准在案惟此係出自
特旨與他省情形不同第念來日方長若不先事預籌萬
一他省紛紛援請不但商民難以措辦且恐官銷成
本既重則私銷必有乘閒而入之勢私銷愈暢則官
銷愈滯非獨官不足以敵私勢必至商民交困而後
止故敵私爲維持引課第一要義況乎民生之拮据

各省莫不類然前此江北水災地方元氣尚未規復近則廣東等省之水災又層見迭出困苦情形已可概見可否仰懇
天恩飭下度支部咨行各直省督撫嗣後各省鹽價仍宜按照部章辦理至山東增加成案他省均不得援以爲例以清界限而恤商民七月十二日奉
旨度支部知道欽此

洛潼鐵路加價每斤三文部咨 光緒三十四年

度支部咨筦榷司案呈准山西巡撫寶棻咨稱據河東鹽法道陳際唐詳稱准部咨河南巡撫林紹年咨稱准河南鐵路公司總協理禮部右丞劉果等咨開豫省鐵路請辦鹽斤加捐一案前蒙撫院奏奉
硃批該部知道欽此現擬自本年六月初一日起開始抽收查照奏案不論官運商銷每斤抽捐四文以裨路政等因職道當飭廳場口岸各印委分別諭飭遵照嗣據聲覆潞引積滯請將豫省路捐暫緩開辦旋准

河南鐵路公司直接電商量爲減讓並准以錢折銀先賣後繳正在分文通飭定期開辦之際適豫靈公局各商販等稟稱頃奉鈞諭以度支部奏准酌加鹽價無論何省每斤通行暫加四文惟豫路加價萬難同時併舉先行請免各等情職道覆查洵屬實情仰懇轉咨准予免加等情據情咨部查照准予免加等因查該撫咨請免加豫省鐵路四文業經本部以事關路政且係奏案應由山西巡撫自行會商豫撫酌量辦理於六月二十九日電覆該省在案應再咨行

山西巡撫查照前電辦理等因當經電商河南撫部院暨豫路等總協理允照原議每斤三文按一五作價交銀塡給三分之一股票定案於八月初一日開收已飭河東道遵照辦理在案茲准前因合亟咨請查照立案等因前來查豫省鐵路加價既據山西巡撫咨稱電商河南巡撫允照原議每斤三文按一五作價交銀塡給三分之一股票定於八月初一日開收係爲兼籌路政起見自應准如所咨立案仍令轉飭該道自開辦之日起銷過鹽引若干抽收鐵路加

價若干支解銀若干按月開具清單送部查核相應
咨覆山西巡撫查照

吉鹽水運磧口有礙潞綱未便准行院批光緒三十四年

巡鹽撫部院寶　批據詳已悉吉鹽水運磧口既與潞綱有礙未便准行仰財政局即飭口外官鹽局遵照仍移河東道知照附原詳

財政局河東道會詳案奉憲批據口外查案委員候補同知戴賡颺稟稱竊奉札開口外吉蘭泰蒙鹽向准運銷太汾等處惟須在陸路馱運不得由黃河下駛水運到晉現在該旗鹽池已由口外官鹽局包租收買若不推廣銷路勢必無利可餘察閱姚守來稟

意在規復舊章由河官運鹽稱蒙鹽決不能運至南路侵占引地如果與潞綱無礙似尚可行亟須查明核辦鈔稟札委馳赴各該處按照稟陳各節悉心訪查務得確情據實稟覆察奪等因計鈔稟一件奉此伏思行鹽之法以銷路之暢滯爲衡銷鹽之數以市價之貴賤爲準鹽價之定以成本之輕重爲分遵奉前因立卽束裝馳赴北路先查各州縣現在行鹽種類各種市鹽價值乃出口由托城而包頭而歸化初到皆不動聲色密訪姚守所辦各該處官鹽局情形

既乃面晤姚守細詢吉鹽實在成本實在餘利再三確核竊見吉鹽水運至磧口之議似屬難行儻行勢必侵占河東引地似未便言無礙潞綱請得爲帥憲分別陳之查原稟稱吉鹽從前嶺北四十八州縣均經行銷嗣因鹽課攤入銷鹽各州縣地丁內裁撤鹽官各州縣商民買食蒙鹽祇准至河口起陸載運入口行銷太汾大朔甯五府忻代保三州所屬此約略之辭未經詳考也向例惟大朔兩府准就近買食蒙鹽太汾等屬四十四州縣例食土鹽仍納河東引課

惟岢嵐等十一州縣因土鹽不敷亦准其兼食蒙鹽所謂蒙鹽亦不專指吉蘭泰即鄂爾多斯蘇尼特均在其內攤入地丁者係食土鹽州縣所納河東引課案定於乾隆五十七年並非吉鹽之課吉鹽停止水運時其引額八萬七千五百道合課銀六萬三千五百八十兩則已改令河東商人承認且經奏准河東商人所認加增引課仍歸潞鹽引地分銷至於近年大朔兩府所屬州縣尤多食土鹽其食蒙鹽者或則大青鹽烏珠穆沁所產貫市李所包分由張家口豐

鎮廳兩路銷售者也或則面子鹽現經辦理鹽務大臣奏辦於托城河口設鍋煎熬之官鹽也銷吉鹽者實居少數太汾甯三府忻代保三州等所屬大率亦食吉鹽之數遠遜於食土鹽之數以土鹽價值常不及吉鹽之半也而原稟但斤斤於抵制陝鹽至謂赴磧設局時再將陝鹽價值查明酌定以與棠鹽價值相埒爲主儻兩鹽能並行不悖可以多收稅課固屬甚善否則絀於陝而必贏於棠亦計之得者殊不知現在花馬池鹽之價雖較賤於吉鹽而要貴於土鹽

遠甚無論久收其釐今又禁之未必果能禁絕徒滋煩擾卽使禁絕花鹽而此數十州縣中人之家其必故而食大賤之土鹽不能强其食大貴之吉鹽乃情勢所必至若竟並土鹽而禁之以强行姚守計口授食之策則福建德化陳拱之亂且復見於山西可翹足而待況合數十州縣窮無復之之鹽戶受指揮於伏莽鋌而走險雲集響應尤非德化一邑之變所可比卑職實不敢附和姚守貽誤大局又查原稟稱此係疏通蒙鹽銷路並非弛禁只要不減價卽不侵潞

引不過得數百里水利而已然以卑職之愚鰓鰓過計既准吉鹽水運至磧口設局則必以趕運備缺為辭於口外儘收儘運磧局收倉之鹽既多嶺北各州縣土鹽不能禁銷路不能暢員司不惟恐以賠本受過且欲以籌銷見功斷難保無暗地減價侵灌河東引地之事況太汾屬之十一州縣近方奉准設局分銷潞鹽將來更不免各執一辭訟案繁興但使河東商人稟稱不敢與爭引地只求退還前認之吉鹽六萬三千五百八十兩課銀以釋重累而蘇商困恐卽

准駁兩難又查原稟稱吉鹽價值加以釐稅腳價運赴太原者成本合錢五十餘文運赴汾州者合錢六十餘文現在鹽湖租貲及磴口運費均須加之於鹽來源雖旺成本更多擬請規復乾隆五十一年舊章准河船官運至磧口每斤仍售五六十文之原價以每年銷售七八千石每石三百五十斤每斤餘利三四十文計之歲可獲利八九萬兩釐金尚不在內卑職證以所聞頗多不合詢據姚守面稱鹽在包局每石合成本銀五兩二三錢由包頭至河口每石合船

載銀一兩有餘由河口至磧口每石又合船載銀一
兩有餘而河口磧口兩處上下力及兩局薪工雜用
等項每石亦必合銀二兩左右又前與阿拉善王約
如辦磧運鹽湖租價尚須歲加銀三千兩以此核計
則磧售五六十文一斤之價誠不知其餘利何在而
漫云每斤餘利三四十文卑職竊有未解惟歷來鹽
務均號糊塗糊塗云者正在此類其實不難明白蓋
鹽商獲利多恃餘鹽鹽歸官運員司中飽餘鹽尤其
專注查嘉慶十一年前護撫憲僉議定吉鹽引爲八

萬七千五百道係以七百斤一石科合河東一引二百四十斤而䝉地騾駝無論何貨每馱名稱二百四十斤實則皆三百斤且間有過之者此卑職昔年辦歸化坐賈時所知也此次姚守告卑職云吉鹽出湖運磴一馱六斗每斗四十斤是就二百四十斤一馱爲言也故其告卑職一石亦謂四百斤若必就實數核之則固一馱三百斤一石五百斤矣而原禀稱每石三百五十斤以六十文一斤計之是銷鹽一石報價制錢二十一千文實得餘鹽制錢九千文銷鹽八

千石應得餘利銀六萬餘兩然按之該員現辦之歸薩托三處官鹽局未嘗聞其餘鹽涓滴歸公若此也且卽使辦磧口水運能若此將餘鹽涓滴歸公萬一河東商人執稟要退還所認六萬三千餘金吉課卑職益不知餘利何在也是吉鹽水運至磧口嶺北熬土鹽之窮民防其變河東潞綱之引地防其侵山西庫款未必有絲毫之益卑職一得之愚是否有當伏候採擇各緣由奉批詳核來稟備陳吉鹽水運不特窒礙甚多且亦無利可餘詞極切實惟事關開拓業

鹽利源不厭詳求究竟是否實與潞綱有礙仰財政
局作速會同河東道復加查核稟覆察奪並飭該員
知照繳稟鈔發同日又奉憲批口外官鹽局姚守前
次稟擬推廣吉蘭泰銷路懇請續發本銀以資分布
緣由奉批查閱來稟具見籌辦認眞第擴充銷路必
須規復水運此舉恐與潞綱有關現經飭據委員戴
丞復稱種種窒礙甚至無利可餘已批局會同河東
道覆核稟辦矣仰財政局查照另批辦理繳各等因
到局奉此除分行知照外遵卽移會河東道公同核

議此案姚守原稟因租回吉池冀圖開拓利源有裨
財賦用意甚善而戴丞查覆則係推求本末利害兼
權考察既極精詳見解亦甚透澈憲臺綜覈鹺政飭
由局道會同復核自係統籌併計審慎周詳之至意
欽服莫名伏查吉蘭泰鹽斤自嘉慶十三年將引課
攤歸潞岸原定限制祇准水運至薩拉齊之包頭鎮
及托克托城之河口即應起陸運售違則以私鹽論
嗣因積久生玩吉蘭泰暨鄂爾多斯蘇尼特各種蒙
鹽均逐漸南下侵占潞銷光緒九年前升憲張以潞

綱引積課懸奏准試辦太汾並隨案陳明蒙鹽有裨外藩請將水運章程酌量從寬准其由皇甫川對岸之河曲縣渡河登岸陸運至向銷蒙鹽之口內三十四廳州縣地面行銷其向行土鹽之陽曲等三十州縣亦准照舊兼銷但不准任意再由皇甫川下駛並飭沿河各卡認眞查緝外似放寬一步內實收緊一分前後百餘年來其閒雖略有變通而水運磧口一條從未稍弛禁令至謂乾隆五十一年曾准駛至下游直達臨縣事在潞岸認攤吉課之前情形各有不

同辦理因而偶異然行之無效旋卽奉
旨禁止是尤有礙潞岸未足恃爲久遠之明徵況水運吉
鹽凡由皇甫川起岸者仍准陸運太汾是吉池銷無
課之鹽潞綱賠無鹽之課揆諸事理已欠持平何堪
從而加厲今姚守所稟吉鹽駛至磧口但不減價決
不能運至南路試問乾隆之際准吉鹽運至磧口稽
查防範之計何嘗不五令三申抑何旁決橫流卒至
潞商甘賠課銀請停水運姚守又稱准食蒙鹽之州
縣多至四十餘處東有直隷連界越境之長蘆鹽西

有陝西渡河之花馬池等鹽灌入晉疆此說誠然但
花鹽等鹽先抽加價鹽釐即係寓禁於徵上年體察
情形局道會詳一律改爲鹽釐按斤抽錢一十四文
嗣又試辦潞銷在於太汾所屬各縣設立運銷分銷
等局逐漸擴充其蒙土各鹽仍聽民間買食均蒙前
憲臺恩批准先後開辦在案杜鄰私之內灌兼以固
潞岸之藩籬正與姚守所稱未便墨守舊章膠柱鼓
瑟之意相符現在潞引懸欠五綱解池積鹽不下萬
數千名餉絀商疲已達極點太汾爲潞綱認課固有

之引地不自早圖規復而假手於奉
旨嚴禁不准水運南下之吉鹽官運使之拓闢利源舍已
芸人枉尋直尺甚非計之得者他如姚守所禀酌定
吉鹽售價抵制陝鹽推廣官運行銷計口授食以及
每石之斤重每斤之成本大抵祇見其利未見其害
藏丞復禀均已逐層指駁皆洞中竅要之言惟於姚
守所云並非弛禁不過得數百里水利一語尚未直
指其非祇言無利可餘就例章考之明明弛禁更張
卽使有利可餘亦屬益彼損此於潞綱銷場大有關

繫所有遵議吉鹽水運磧口實與潞綱有礙似難准

行緣由理合會詳察核批示祇遵

續增河東鹽法備覽分目卷下

藝文

濬姚暹渠記　邁拉遜

重修鐘樓碑記　郭選青

運安同善義倉碑記　武樹善

重修鼓樓碑記　劉統均

重修運城鼓樓記　金　城

河東師範學堂創建堂舍暨增修附屬高等小學堂記　許鑑觀

河東中學堂碑記　楊兆泰

創設警察講習所記　許上林

改修運城

文廟碑記　陳際唐

詩二首　王雨琴

濬姚暹渠記

光緒十四年　河東鹽法道邁拉遜

鹽池中凹而地形西迤條山諸谷之水易闌入爲敗惟姚暹渠實宣洩之爲池外捍視隄堰之功不啻倍蓰余以光緒丙戌秋來守河東明年春吏事有暇按行水利覩渠自三里橋以東大抵堙塞甚者夷於耕壠慨然思修復之爰稽故牘則近自道光初年以來凡大修者四五工資每數萬金而遺跡餘工乃蕩然若此顧物力之非昔念工程之難驟默識於心極籌度之會夏秋霖潦池東諸堰屢告急而渠工彌不可

緩乃請命於大府調蒲解澤三營練軍合五百人帖以稍食庀其器具頒其犒俾三將領承其工而遴我寮佐監其作分地授功同時併力起夏縣五里橋南迄安邑三里橋西計里六十濬渠出土而培之堰役始戊子春末閱十有五旬而竣計費庫銀七千九百兩有奇新渠廣率二丈深或倍仞上承李綽堰口下達五姓湖全渠胥通利無壅緬惟隋都水監姚君所疏實因漢永豐之舊而渠獨表其名蓋當日施功爲尤鉅垂遠猷爲後則或修或替鹽池之安危繫焉

余幸仰仗大府威令要藉羣力斯脊督察以黽勉蕆
事雖渠濱之父老爲言數十年來未見大濬治如此
役者然時絀而舉贏士卒難久役未克復前賢之規
制歉然於懷未敢恃也乃立石書歲月紀衆勞而誌
余媿於以敬告方來以時董理俾地寶永賫固護是
所企爾

重修鐘樓碑記

光緒十七年河東商學優廩生郭選清

運有鐘樓居高聲遠爲萬戶司晨昏節作息儼然聲教也非獨壯觀瞻而已粵稽斯樓創自元泰定丁卯年地處偏隅規模卑陋明正德己卯年鹾臺宋公更諸通衢洞門四闢增其式廓臺榭重巍迨
國朝康熙乙丑柱史李公因舊制以補苴然春秋湮遠追蠡幾尚禹聲風雨剝摧飛翬難規周廡蕪斯土者舉廢未暇居是邦者葺補乏資久矣夫衆志難慊也會觀察邁公六郡分巡百廢俱舉迺於光緒庚寅年

仲春己卯月集廳場諸公暨坐運商人共籌款需邑
侯萬公州佐盛公肅靜地面於是紳商公理典簿督
工畚築悉稱土木交興採嘉幹於巖阿搜殊材於鄰
境費資五千有奇而用足計日二百有餘而事竣高
卑按經尺七丈二周帀合弓步三十七鉤心鬬角蜂
房水渦碧瓦流輝丹楹絢綵囷囷焉矗矗焉雖鴻規
依舊而鳳藻聿新噫嘻斯役之成夫誰之力蓋政通
民和岳陽樓迺商重建地靈人傑滕王閣甫議復修
以古方今不其然乎

運安同善義倉碑記

光緒三十一年署安邑縣知縣　武樹善

義倉之名昉於隋歷代以來因革廢置不常置於鄉曲置於州縣亦不一要皆與常平社倉相佐助故今之倉在州縣者曰常平歛散之權官司之在鄉曲者曰社倉緩急輕重之宜民爲之而官仍督之蓋所謂常平者悉照徵糧紅册所載戶口束縛小民已失漢耿壽昌貴糴賤糶本意社倉規則朱子所定其支貸請貸收支排保簿書鎖鑰諸條目悉見於太史志一編鄉人師其意又多汰繁就簡之爲若夫義倉在後

世則出於小民之積聚者十之二三由於紳富捐輸者十之六七其他官自籌款委紳總其出入事雖不同厥名曰義實必副焉特時異勢殊苟或不得其人將窳敗之形有較之常平社倉尤甚者往往空積册籍僞指囷倉計其數則千萬有餘核其實則百十不足奸弊叢生千古同慨信乎人之言曰儲偫之法不係之法而係之人斯言至矣運城之有同善義倉始於閻文介公公於光緒八年以丁戊賑餘之款建倉買穀其倉在解州曰蒲解同善義倉繼以穀二千七

百石借儲於運之運阜倉至二十年穀已陳陳急宜
推易適公猶子艮蓀觀察是道今升任本省廉訪吳
公亦作宰是邑始將儲穀出借邑民當請籌發款項
卽
萬壽宮東偏蘇公祠遺祉建運安同善義倉一區其東北則
孝字廒七楹其西北則弟字廒二楹其東西則忠信
廒各三楹鋪以松棧通以氣樓防潮溼慮霉變也其
中祠宇一楹倉神位焉其東南祠宇一楹蘇閻二公
位焉示不忘源本也其南之東三楹爲會計所其南

之西三楹爲倉夫舍甃以雉堞高其閈閎觀瞻式焉

又從解州生息項下撥發二千二百金作爲是倉善

後款此皆廉訪公前作宰時所躬親經理者也二十

二年收回借穀又提生息本千金買穀若干共以四

千餘石儲倉庚子之變此地荐饑盡數放之以活人

民自茲以往幾有鼠饑雀噪之虞二十九年公擁節

重來首詢倉儲有無慼焉憂之每當接見僚屬諄諄

以此事爲慮當下車之始鹺務紛繁又際時事艱難

各項支絀常若心有餘而力不逮去年冬始撥節省

項下派委妥紳購麥一萬一千五百餘石今年又撥
穀三千八百餘石交紳董收管用備賑借之需又慮
麥難久儲易穀之後廒不敷用於是籌款若干提存
本利若干檄委署庫大使朱會同紳董添建東西禮
義二廒各五楹兩月而工竣公親臨驗收顧而樂之
蓋至是而公之夙願酬矣夫自庚子以後此倉幾成
虛設若非公之實心實政擴充此倉則是閻公之美
意莫繼而公之盛德亦無由彰今公籌款之多儲穀
之富蓋爲此地謀者方深且遠於以卜斯民如天之

福而公之善政似此者如興學育材誅暴止亂暨鹽
政中本省改章兩河補運靡不次第舉行美善兼盡
此其一端耳是年春余承乏是邑方愧贊助莫及適
儲紳丙余叙事藉悉顛末更即意所欲言者而備書
之是爲記

重修鼓樓碑記

光緒三十三年平魯縣訓導壬午舉人　劉統均

光緒丙午觀察使皖懷陳公蒞運數月政通事獲課餉裕如民樂年豐興革待舉以推廣學校爲強國先聲以增設警兵爲安民要節籌裁卓畫不一而足於時士商以重修鼓樓請鼓樓與鐘樓東西對峙者也鐘樓修於歲庚寅前觀察使邁公任內彼時未能一律改觀不及二十年而日就傾頹愈形可畏公懼夫天作淫雨居民有殃及之禍也遂乃籌議確款鋭意興工擇士商之樸誠而練習者董治之亟命東場鹺

尹賈公督其事經始於本年八月撤舊構飭新材朽
者易之窳者除之趨事赴功歡騰萬井爲日幾何而
畫棟雕甍丹楹碧瓦與鐘樓彼此相輝映氣象聿新
豈不偉哉是役共費庫儲五千五百餘兩閱十三月
而蕆事雖然樓而別以鼓名其警衆也豈惟是居高
聲遠萬閭千閻莫不耳而聽之之謂哉謂夫聽於耳
者不過與衆同警聽諸心者始足爲內自警也學校
之鼓以警生徒兵營之鼓以警將士
國家當實行新政之期舉凡興學練兵諸大端公旣已

提倡之不遺餘力矣所望於吾民者在形式尤在精神攝精神於形式一鼓作氣咸奮然於農桑庶務各實業之中而再接再厲永觀厥成焉安在何人不可富何國不可強哉此公之志也然則覩斯樓者勿徒爲出作入息遠矚高瞻之助也庶乎可焉

重修運城鼓樓記

光緒三十四年揀選鹽大使金　城

運治爲治鹺而設專城也治內有樓二其一爲鐘樓即元建聖惠鎮新城時之譙樓光緒十五年前觀察使邁公曾賡修焉其一爲鼓樓前明御史房寰所建丙午春仲樓之東偏坍三楹時觀察吳公將提刑弁州卒卒未遑從事暨吾皖懷甯陳公奉
命莅是邦乃命葺而新之經始於丙午八月朔日至丁未十月二十六日落成計閱十五月而始復舊觀云既蕆事董是役者咸以文請公以補敝葺廢乃地方長

官之責不足以示後來之許也今年八月續增鹽法
志將告竣諸人復申前請公卻如前其鄉之後進金
城適以鹽大使揀發河東乃進而言曰夫古人之有
所興建而必爲文以識之者非專以溯其功烈也殆
將因是而感觸事理振刷精神而穆然寓其致治之
思也案河東爲古冀州域中條以爲屏孤山以爲枕
黃河汾澮以爲襟帶國賦之所儲民食之所出商賈
之所輻輳四方之所走集萬象紛錯不可僂指而要
皆於斯樓乎見之是則斯樓之修適與公忠愛之忱

有默相感發者豈獨振遺響於八風壯觀瞻於一方也哉溯公之來此土也三年於茲矣於地方學校警察營制紡織樹藝諸要政無不次第就理而於鹺綱尤兢兢焉以故由士而農而工而商賈歌頌之聲道相聞也而公之心猶欿然不足若惟恐吾民之失所也者然則公餘之暇偶一登臨近而矚之見夫鹽澤之內筐筥如雲鍬畚如雨蟻聚蜂屯相與奔走汗喘於炎風烈日中者不可勝計則知邨阿之上纍纍然而鱗次櫛比者如此其艱難而得也遠而眎之彼夫

太行之犖嵂羊腸之盤曲泰岳之崚嶒以及關山百二之雄風雨二陵之險凡昔日騏驥服鹽車之處皆今日商人所經歷之處則知轂擊騎聯轉輸不絕熙熙攘攘而爭此尺寸之利者如此其踰越險阻而備嘗甘苦也有不油然益動其悱惻之思而生其怵惕之意耶由是於政之所已理者益思有以修之澤之所已及者益思有以溥之是則民受公之賜而食公之福也胥於是樓乎徵之矣城嘗偕二三寮友登是樓而陟其巔東望瑤臺孤嵐峭拔蒼翠摩空其下有

巫咸父子之遺蹟在焉而其北則涑水所經司馬溫
公之故里也南望傅巖之野雲樹蒼茫若隱若見殆
卽爲當日版築處西瞰河津薛文淸之餘韻流風其
猶有存者乎古人雖遠未嘗不睪然想見其爲人今
公以中丞寶公薦於
朝
陛見有日矣
天子將不次擢用異日任屏翰膺封圻勳業爛然必將與
古人爭烈當不僅如邁公之以惠民館傳也是樓爲

公之芟舍詎可不留一甘棠之詠哉公笑曰如子言
吾奚以當之雖然子之期我亶厚矣乃命編語次而
爲記

河東師範學堂創建堂舍暨增修附屬高等小學堂記

臨晉縣舉人　許鑑觀

光緒丙午春皖懷陳公奉
命巡守是邦甫下車於整理鹺綱外殷殷以課吏興學爲急務維時前升任道吳公書年創辦之河東初級師範學堂尚僑借舊習藝所附屬之高等小學暫居今師範堂其地乃前明鹽運司李公日宣命所司爲其師曹先生員予所搆講學處號爲宏運書院者也自戊戌變法後書院改爲學堂當時吳公先就河東書

院立中學堂又慮各屬小學缺乏師資乃任調署商
學訓導渾源田子琮廣文暫借地組織一初級師範
學堂並恐將來師範生無以練習實地教授諸法即
以先改之宏運學堂爲高等小學附屬其中無如屋
宇湫隘勢難兼容因就左近購民房兩處都四十餘
間爲高等小學專區正議鳩工修葺適吳公奉陳臬
并垣之
命濒行辱以師範校監督見屬及我陳公至後於增修新
購房舍一役允增講堂三楹餘均一律勘估擇期修

理委鑑觀與庶務員景君恕堂同監工事凡五閱月而告竣先後動款約計千金遂於是年中秋前移小學於其中而師範爰定廠居焉俱肄業之師範生先祇簡易一班每名膏火月給三二兩不等以四十名為額是以原有堂舍尚堪敷用迄年終畢業詳定次年丁未於續招簡易科一班外另招完全科一班增額二十名仍以原設膏火勻作學膳繼又添購千餘金之物理化學試驗各器具於是堂舍漸覺偪仄不得不建議擴充適鑑觀領咨東遊考察日本學務公

因屬以足跡所至須注意各處堂舍器具構造形式以便仿辦嗣自東瀛歸重申前議公親詣相度在於大門內創建樓式講堂藉舊用體操場建自修室並移堂東偏文昌廟之木主於祀典廟而就以供
至聖鄖作爲學堂之禮堂購大門外污萊地若干畝闢爲體操場戊申正初動工季秋將落成復鑿於浴茶等室之闕如一一添款增築斯役也公特委場尹賈君釆臣與鑑觀董其事鑑觀雖始終奔走昕夕弗遑而擘畫經營究推賈君之力居多今日者師範之講堂七

楹寢室十四間自修室十五間屬在創建者固已聿觀厥成其新增兩堂之浴室茶室體操場飯廳以及修改之會客廳來賓館印刷室理化室圖書館閱報所接待所預備室息憩所繕書室厮役室下至穢阬便所一切窗櫺几牖唾壺用具罔不改良進步煥然爲之一新統計前後工需已逾四千金外方諸現世學務發達處所固不敢謂已臻美備然居今思昔其相去要難以道里計也況乎增訂教員推廣學額附開半日學堂現亦次第施行他如刊刻學堂一覽籌

畫教育普及加手工增商業凡可以灌輸智識開通風氣而裨益學界者雖非旦夕可以奏效然亦必設法籌議竭力提倡冀以收功於異日嗚乎盛已從此文物日彰人才輩出吾黨躬逢其際何幸如之爰述厓略付諸貞珉俾肄業同人咸體我公振興教育之苦衷而勤求弗懈蔚爲國華是則董斯役者之所馨祝於靡既也已是爲記

河東中學堂碑記

大學堂豫科畢業舉人　楊兆泰

黃河流域爲吾國四千餘年前政教鼻祖之所自出而平陽蒲坂安邑均在今河東範圍之內邦人士每豔稱之以相矜重晚近世變日亟環海諸通都挾東西洋潮流灌輸之勢力外感激刺爭相磨礪以躍入於開化之域而文明最古之區反瞠乎其後政法藝術及農工商實業率劣敗不足與爭存學堂其尤甚焉者也

今上御極之元年長白尚書寶公首以河東中學堂畢業

咨部選其俊異者給奬勵得畢業及格文憑五十三人而子弟秀民之聞風興起負笈就學者輒踴躍百倍於前雖云兩漢經學之盛亦利祿之途使然而火然泉達之始鼓之舞之亦何嘗非文化進步之一大轉機耶時值皖懷陳公奉

命分巡河東之三年兆泰歸自弁門之農林教室辱公以校事相屬濫竽者幾三閱歲蓋自學堂成立以迄於今已逾定章五年十學期之公例矣學堂係癸卯歲爲升任馮夢華中丞所改設又明年經升任吳書年

方伯整飭經營規模備具而進化公理有加無已乃復議加擴充藏書樓之背分建左右講堂東西添築自習室寢室飯廳七十餘楹推廣學額爲二百有奇理化試驗彝器之輸自海外者千餘事先後用款七千餘金其間自監督暨教員庶務監學文案會計掌書諸席時則有平魯縣教諭劉君治伯舉人王君蘭皋舉人邵君壽田優貢龎君運生大學豫科畢業舉人宋君萬青大學中等科畢業拔貢杜君星南陸軍畢業協軍校閻君俊卿大學豫科畢業舉人馮君伯

始王其事管理教授均稱職數年以來講師學徒書記齋役禮堂齋舍以至於庫廄庖湢圖籍彝器書几操械均視昔加倍抑亦足自憙已雖然中條首枕大河蜿蜒以趨於王屋南峙如屏學堂適當其折旋之衝山靈鍾毓之厚盡萃於是每登九峯山一覽沃野千里廣漠無垠學堂孤立於曠野之表市囂塵翳遠莫能及近人檢驗學校者恆持空氣衛生以相繩責此豈得謂非建築適宜之位置乎而面址宏闊無復地小不足迴旋之慮異日廓大而擴張之烏可量耶

抑嘗思之國於天地必有與立文字者國粹之所寄也中學定章經學而外以皙種語言爲主要學科學子習於歐化而宗國文學乃至支離荒謬莫可究詰數典忘祖禍甚焚阬宿儒碩士乃汲汲持重國文以保存國粹之說保之誠是也然以觀歐西十四世紀之希臘絕學復興與新學發明相左右古學豈遂爲天下詬病耶融化新舊學說而溝通之以窺其奧中學程度猝不足以語此而河東固文明最古之區此予所以不能無輸入新理想以光大其國學之宏願

也迺爲之記

創設警察講習所記

臨晉縣舉人 許上林

國家特立警部所以保黎庶之乂安立自治之基礎也京師興辦最早為天下先各直省亦次第舉行河東為晉南兵備轄駐要區政教諸端羣流仰鏡光緒癸卯後中學師範高等諸學堂相繼成立蒸蒸漸進於文明而警察之學獨闃乎未聞是亦政界中之一大闕點也丙午之歲懷甯 陳堯齋觀察來巡斯土下車伊始即設立巡警以糾奸慝而安城市又慮六府州屬之風氣未開也特於東門內前守備署設警

察講習所延聘教習通飭保送學生以儲嶺南警務之材其中堂齋廳舍凡六十有五間雖因舊爲新而添建者實居多半西有聖教祠

孔子遺像在焉重修之以爲諸生釋奠與朔望瞻拜地廟西諸祠後皆有隙地與所相鄰闢之以作體操場雖地勢所限不如中學師範兩堂之宏敞而締構嚴密規制亦稱完備焉開辦今經二年簡易畢業者已百餘人飭各回鄉講演教練以開民智而起委靡茲又續開完全科招選俊秀使深造以爲地方自治之豫備

欣逢

今上御宇建元中外喁喁望治所冀從學諸彥奮發興起無負當事者經營擘畫之苦衷而忝擁皋比尤當啟

迪有方上副

朝廷培養人才之至意是爲記

續增河東鹽法備覽　卷下　共

改修運城

文廟碑記

宣統元年

河東鹽法道陳際唐

光緒丙午春仲際唐奉

命巡守河東下車後行釋奠

先師禮展拜畢環視良久復按圖而稽之而知是廟也中條聳其前峩眉峙其後黃河汾澮襟帶其間竊嘆當日之經營相度而卜於此者良有以也惟自有元創建以來雖屢經修葺業已漸就傾圮方有意整而新之卒卒焉未之能逮越明年我

德宗景皇帝詔升
孔子爲大祀
命禮臣具典禮事宜以聞迨部文到晉運城士紳等聯名上
稟以籌款興修爲請查河東向稱臨國自新舊案迭
次加價鹽務疲滯庫儲幾於不支既不能按引攤費
以累商民又何能因噎廢食以曠
國典由是悉心籌畫擬撥款六千餘金以爲經費議定
乃上其事於鹽政寶大中丞得如所請爰委西場大
使朱垣平魯縣訓導劉統均督同廩生王紳芳士楊

紳克敬暨坐商姚長盛朱泰順等經紀其事經始於
光緒三十三年十一月至宣統元年九月告成自
列聖御碑亭
大成殿東西兩廡戟門櫺星門以及左右坊表通覆黃瓦煥
然改觀至廟東
崇聖殿展拓倍於前修悉如制他如明倫堂鄉賢名宦各
祠暨倉庫齋廚釐然而悉舉焉是役也初估如所籌
之數繼乃展支至萬有餘金工既竣在事諸人請余
一言爲記余惟奉

明旨以崇祀典乃守土者應盡之責不足以爲勞勣然余竊有私幸者地運之升降視乎人才人才之消長視乎學校彼夫堪輿家言恆以學宮所在卜其地人才之興否其說雖不足深信然以

聖人在天之靈其所憑依實與士氣之振興有默相感召之理河東爲古冀州域聖哲相承不可勝舉至我

朝而科名鼎盛半塘芝山以下載在志乘者代不絕書自際唐承之此土新政待興如中學如師範如兩等小學幸賴邦人士相助爲理皆已次第就緒今復克

成此舉異日

聖教昌明英才蔚起必更有駕半塘芝山而上之者是則區區之忱所翹企於無旣也已是爲記

續增河東鹽法備覽　卷

三

詩

歌薰臺

光緒三十四年揀選鹽大使　王雨琴

朝來古鹽池夕上歌薰臺中天人往矣對此長徘徊臺上殘碣何所紀模糊猶能辨亥豕上言解慍阜民財斯肇河東鹽池始粵自洪荒地未闢條山左右皆磽瘠種禾不熟麥不登食之無味棄可惜帝察土性辨水泉咨汝質伯惟汝賢應宮應徵期無愆指揮覩我琴上絃援琴一曲來薰風琴奪造化天無功轉移地運啟鴻濛一彈聲泠然徵風初起雲巖巔石田頃

刻成藍田再彈聲徐徐好風吹過南山隅乾端坤倪
轉靈樞昨日沙磧今膏腴三彈聲洋洋林木震動鳥
飛翔卿雲爛兮景星曜天地爲之煥文章尺地寸土
皆珠玉千畦萬井凝雪霜燦如瓊華鋪滿界皎如月
宮游天閶夕如名城開不夜晨如貝闕豔朝陽不用
煮海與煎沙民食足供億萬家我今所食猶帝力不
見古人空咨嗟

虞阪行　　王雨琴

相馬休相皮相皮駿骨棄如遺稱驥不稱力稱力天

閑難再得良驥呈才世所希不重其才重其志上阪
不逢巨眼人伏櫪同槽甘下駟羈縻恐性辱泥塗汗
血揮灑窮途淚寂無一聲鳴不平徐行且按鹽車轡
髀肉復生玉花殘歲月蹉跎老將至借問千金市者
誰身後價值奚可致猗嗟伯樂遇何奇中道相逢不
相棄主人識馬馬識人一鳴遽增垂憐意顧視清高
氣昂藏另眼品題恩不次酬知情切報高深千里崎
嶇非所避淩空馭氣迅如飛足展風雲呈靈瑞平日
相遭白眼人道路咄嗟爭駭異夫豈不窮皆不材降

材多在風塵裏璞中寶玉爨下琴偏至奇窮逢知己
運蹇擊碎玉唾壺時至飲以上池水局趣轅下閱歷
多物之遭逢猶如此奇才信無不遇時造化自有推
移理君不見虞阪騰蹟至今存千載猶說奇遇事古
來駿業多晚成上蒼故爲老其器抱材不患知音希
但患駑駘不堪試